부모의 열등감을 치유하고 행복한 아이로 키우는 법

열등감 부모

최원호 지음

팝콘북스

열등감 부모

초판 1쇄 발행 2010년 3월 2일
초판 2쇄 발행 2010년 3월 18일

지은이 최원호
펴낸이 김선식
PD 류선미
DD 황정민

팝콘북스 박은정, 류선미
마케팅본부 민혜영, 이도은, 신현숙, 김하늘, 박고운, 권두리
온라인 마케팅팀 하미연, 이소중
저작권팀 이정순, 김미영
홍보팀 정미진
광고팀 한보라, 박혜원
디자인본부 최부돈, 손지영, 조혜상, 김태수, 황정민, 김희준
경영지원팀 김성자, 김미현, 김유미, 유진희, 정연주
미주사업팀 우재오
외부스태프 표지일러스트 차승민, 본문디자인 유민경

펴낸곳 (주)다산북스
주소 서울시 마포구 서교동 395-27
전화 02-702-1724(기획편집) 02-703-1725(마케팅) 02-704-1724(경영지원)
팩스 02-703-2219
이메일 dasanbooks@hanmail.net
홈페이지 www.dasanbooks.com
출판등록 2005년 12월 23일 제313-2005-00277호

필름 출력 스크린그래픽센타
종이 신승지류유통(주)
인쇄·제본 영신사

ISBN 978-89-6370-114-1 (03370)

- 책값은 표지 뒤쪽에 있습니다.
- 파본은 본사와 구입하신 서점에서 교환해 드립니다.
- 이 책은 저작권법에 의하여 보호를 받는 저작물이므로 무단 전재와 복제를 금합니다.

프롤로그

교육학 박사는 자기 아이를 어떻게 키우는가

"이번에 1등 한 영수가 박사님 아드님이지요?"

아들이 초등학생일 때 나간 학부모 모임에서 어느 선생님이 나에게 당연하다는 듯 던진 질문이었다. 아이 셋 중에 가장 활달한 성격인 우리 아들은 반에서 꼴찌를 하고 있었다. 당시 학부모 모임은 성적이 높은 아이들의 부모 모임이라 해도 과언이 아니었는데, 난 아이 기를 죽이지 않으려고 학부모 모임에 참석했었다. 그런데 거기서 만난 어느 선생님이 내가 교육학 박사라고 하니 오해를 한 모양이었다.

평소 교육 철학을 생각한다면 망설임 없이 진실을 말해야 했지만, 나는 아들의 성적이 '꼴찌'라는 것을 당당하게 밝히기가 어려웠다. 결국 말하긴 했지만, 그때 그 일로 다른 사람 앞에서 아이의 성적을 밝히는 것이 얼마나 큰 '용기'를 필요로 하는지 절절히 깨달았다. 물론 성적이 좋지 않을 때의 경우이지만.

아이는 초등학교 내내 꼴찌 아니면 그 언저리를 맴돌았지만, '성격은 내가 전교 1등'이라며 싱글벙글 웃을 만큼 성격이 좋았다. 반 아이들에게 인기가 많아 친구도 많은 편이었다. 부모 욕심이야 성격보다 성적이 좋았으면 하는 바람이 있지만, 학교생활을 쾌활하게 큰 스트레스 없이 하는 아이에게 딱히 뭐라고 할 수가 없었다.

그러던 어느 날, 아이는 자기가 하고 싶은 일에 성적이 중요하다는 것을 깨닫고 공부를 하기 시작했다. 성적은 꿈을 이루는 과정이었기에 아이는 스스로 공부했고, 고등학생인 지금은 반에서 5등 안에 들 만큼 상위권의 성적을 유지한다.

교육학 공부를 했지만 난 아이들을 키우면서 오히려 많은 것을 배웠다. 실제로 어릴 때 나는 "돈이 인격이다.", "무조건 공부 잘해야 한다."라는 부모님의 말을 들으며 컸다. 부모님은 그 외에 다른 말을 해주지 않았다. 이 말이 진리라 생각했기에 열심히 공부했고, 박사가 되었다. 그러나 공부를 하고 상담을 하면서 사람에게 돈이나 공부보다 중요한 것이 많다는 것을 진심으로 깨닫게 되었다.

10여 년 전 대전에서는 전교 1등을 한 아이가 자살한 일이 있었다. 평소 아이의 부모는 '네가 전교 1등을 하는 게 내 평생소원'이라고 노래를 불렀다. 아이는 항상 공부를 열심히 했고, 정말로 전교 1등을 하게 되었다. 그러나 문제는 그때부터였다. 아이는 이유 없이 우울해했고, 결국 자살을 선택했다. 우울증의 원인은 유서에 나와 있었다. 아이는 부모의 소원대로 살았고 전교 1등을 했지만, 하고 나니 이후에 하고 싶은 일이 없다고 했다. 하고 싶은 일이 없다 보니 살아야 하는 이유를 모르겠다고 했다. 아이는 부모의 인생을 산 것이지 자신의 인생을 산 것이 아니었기에 이런 비극이 발생한 것이다.

이런 안타까운 일은 '너무' '자주' 일어난다. 청소년 자살만큼이나 문제인 것은 자기 성격을 바꾸지 못해 고통스러워하는 사람들이다. 자신의 인생인데 결정의 순간이 오면 늘 부모가 옆에 있어야 안심이 된다거나 면접에서 자기표현을 못해 번번이 떨어지는 우등생, 강의 내용을 알아듣기 어렵다고 어머니와 함께 나타난 어느 대학생……. 이들이 고민하는 것은 성적이 아니라 자신의 성격이다.

오랜 기간 교육상담을 하며 정말 많은 아이와 부모를 만났다. 그 시간은 문제 아이 뒤에는 언제나 문제 부모가 있다는 것을 수없이 통감하며 지낸 시간이기도 했다. 그리고 문제 부모에게는 언제나 같은 문제가 있다는 것을 알게 되었다. 바로 '열등감'을 제대로 다루지 못한다는 것이다. 만약 부모가 열등감을 다루지 못하면 '열등감 부모'가 되며 신체, 경제, 사회, 가정, 학업 등 자신의 열등감 종류에 따라 아이를 괴롭히게 된다.

우리나라 속담 중에 열등감의 속성을 가장 잘 드러낸 속담은 아마도 '사촌이 땅을 사면 배가 아프다.'와 '남의 떡이 더 커 보인다.'가 아닐까 싶다. 이 속담을 부모 버전으로 바꾸면 '옆집 아이가 일등을 하면 배가 아프다.' 정도가 될 것이다. 사촌이 땅을 사고 옆집 아이가 일등을 했을 때 느끼는 감정은 누구나 비슷하다. 그것을 억누르거나 자책할 이유가 없다. 사실 그 감정을 억누를수록 오히려 자신의 아이가 더 무능하게 느껴지고 본인만 더 초라해 보일 수 있다. 다만 열등감을 인정하면서도 자신의 능력을 믿느냐 아니냐가 중요한 것이다. 아이의 능력을 인정하고 믿는다면 잠시 배는 아파도 그것이 오래가지는 않을 것이다.

중요한 건 열등감이 있느냐 없느냐가 아니라 부모가 자기 안에 감춰진 열등감을 얼마나 긍정적으로 잘 관리하느냐이다. 여기에 따라 아이의 삶이 결정되기 때문이다. "너도 일등 할 수 있어. 엄마는 너의 능력을 믿어."라고 말해 줄 것인가. 아니면 "옆집 애는 일등 했다는데 너는 성적이 이게 뭐니? 넌 누굴 닮아서 이렇게 못났니?"라고 말해 줄 것인가.

열등감을 동력 삼아 성공적인 삶으로 인도하는 나침반 역할을 하는 부모가 있는가 하면, 열등감을 불안과 공포로 연결해 아이를 그 속에 가두는 감옥 같은 역할을 하는 부모가 있다.

이 책은 열등감을 동력으로 아이의 삶을 성공적으로 이끌고 싶은 부모를 위한 책이다. 또한 초등학교 때까지, 부모가 아이를 어떻게 지도하느냐에 따라 아이의 성격이 굳어지는 경우가 많으므로 이 기간의 아이 지도를 목표로 하고 있다.

여기서 제시하는 해결책이란 것은 어떻게 보면 매우 단순한 것이다. 아이의 문제는 곧 부모의 문제라는 것과 부모의 문제를 해결하기 위해서는 오랜 세월 부모의 마음속에 드리운 열등감의 고리를 끊어 줘야 한다는 것이다. 아이의 삶을 바꾸기 위해서는 먼저 부모의 삶이 바뀌어야 한다는 말이다.

그리고 한발 더 나아가 행복한 아이를 만들어 주기 위해 구체적으로 어떻게 노력해야 하는가를 담았다. 사실, 해결법을 이론적으로 정리하면 비슷비슷한 이야기이겠지만, 이것의 중심은 '변화'이다. 실제로 변화했느냐 그렇지 않으냐가 가장 중요하며, 학부모들을 상담할 때도 이것이 가장 중점이 되었다.

부모가 먼저 자신을 정면으로 응시하지 않으면 아이는 바뀌지 않는다. 내 안의 열등감을 찾아 그것을 희망이나 긍정, 행복으로 바꾸는 작업을 지금부터 시작해 보기로 하자. 만약 지금 바로 행동하기 시작했다면, 분명히 지금보다 더 훌륭한 부모가 될 것임을 확신한다.

사랑하는 아내와 현석, 민석, 현민 그리고 무엇보다도 내 삶의 나침반이신 존경하는 어머님, 나를 위해 아낌없이 중보 기도해 주신 모든 분께 진심으로 감사드리며, 끝으로 출간을 허락해 주신 다산북스 김선식 사장님을 비롯한 편집진들에게 고개 숙여 감사를 드린다.

2010년 새해벽두에
최원호

C·O·N·T·E·N·T·S

프롤로그
교육학 박사는 자기 아이를 어떻게 키우는가 _5

1장 부모의 열등감으로 병드는 아이

01 꿈이 없는 아이 _14
02 거짓말하는 아이 _22
03 지나치게 산만한 아이 _33
04 폭력적인 아이 _45
05 엄마 없이는 아무것도 못하는 아이 _58
06 감정 조절 못 하고 과잉행동하는 아이 _68

2장 열등감 부모는 어떻게 만들어지는가

01 부모의 관심과 배려는 아이의 성격 발달에 큰 영향을 미친다 _78
02 열등감 이해하기 _89
03 부모의 양육 방식이 아이의 열등감을 결정한다 _96
04 부모 열등감 지수 테스트하기 _106
05 아버지가 생략된 자녀 교육은 자신의 감정을 통제할 줄 모르는 아이로 만든다 _129
06 어머니는 아이에게 필요한 정서의 원천이다 _140
07 부모의 열등감, 어디서부터 풀어야 할까? _149

3장 열등감 부모에서 탈출하는 7가지 열쇠

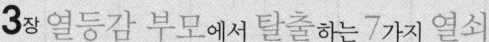

- **01** 첫 번째 열쇠: 부모의 역할을 정립하라 _156
- **02** 두 번째 열쇠: 부모 자신을 위한 목표를 찾아라 _162
- **03** 세 번째 열쇠: 부정적 생각과 행동은 버려라 _167
- **04** 네 번째 열쇠: 부부 관계부터 개선하라 _177
- **05** 다섯 번째 열쇠: 아이와 제대로 대화하라 _186
- **06** 여섯 번째 열쇠: 아이와 지혜롭게 갈등하라 _193
- **07** 일곱 번째 열쇠: 문제는 아이와 함께 풀어 나가라 _202
- **08** 나가며: 긍정적인 사고로 열등감에서 탈출하라 _211

4장 열등감 없는 행복한 아이로 만들기

- **01** 자율성, 주도성 있는 아이로 키우기 _216
- **02** 앎에 대한 열정을 가진 아이로 키우기 _223
- **03** 생각이 자유로운 아이로 키우기 _233
- **04** 남과 잘 어울리는 행복한 아이로 키우기 _239

1장
부모의 열등감으로 병드는 아이

"문제 아이는 없다. 문제 부모가 있을 뿐이다." 아동 심리 전문가들이 하나같이 하는 말이다. 자식의 문제로 상담을 요청하는 부모를 만나 보면 열의 아홉은 아이보다 부모에게 더 문제가 있다. SBS의 <우리아이가 달라졌어요>, EBS의 <생방송 60분 부모> 같은 프로그램을 봐도 문제 행동을 보이는 아이의 뒤에는 언제나 더 큰 문제를 지닌 부모가 있다. 문제 부모의 유형은 다양하다. 자식을 때리는 부모, 무시하는 부모, 닦달하는 부모, 지나치게 집착하는 부모…… 그런데 이렇게 다양한 문제 유형의 이면에는 언제나 같은 문제가 있다. 바로 '열등감'이다. 그렇다면 치유하지 못한 열등감을 그대로 간직한 부모 밑에서 자란 아이는 어떤 문제를 보이게 될까?

1장에서는 아이의 문제 행동 뒤에 숨겨진 부모의 열등감을 들춰보고 해결 방안을 고민해 보고자 한다. 아이와 부모의 열등감 사이에 놓인 고리를 끊지 않는 한 우리 아이의 문제를 결코 해결할 수 없다는 것을 구체적인 사례를 통해 살펴보겠다.

01 꿈이 없는 아이

초등학교 6학년인 재영이는 겉으로 보기엔 아주 얌전한 여학생이다. 절대 엄마 속을 썩이지 않을 것 같은, 누가 봐도 예쁘고 착한 딸의 모습을 하고 있다. 그런데 재영이에게는 심각한 문제가 있었다. 바로 매사에 의욕이 없다는 문제다.

재영이는 학교도 가기 싫어하고 과외도 받기 싫어하고 바이올린 수업도 가기 싫어해 엄마 속을 썩였다. 등을 떠밀고 야단치면 억지로 다니는 시늉은 하지만 늘 표정이 어둡고, 실력도 성적도 늘지 않았다. 불과 1년 전만 해도 좋았던 성적이 갈수록 곤두박질치는데도 아이는 긴장하기는커녕 시간만 나면 제 방에 틀어박혀 잠만 자려 했다.

내년이면 중학교에 들어가야 하는데 이렇게 의지가 없는 상태로 어떻게 경쟁에서 살아남을 수 있겠냐며 재영이 어머니는 걱정이 이만저만이 아니었다.

"재영이가 이런 증상을 보인 것이 언제부터인가요?"

"작년부터 그랬던 것 같은데 올해 들어 부쩍 심해졌어요." 재영이의 상황을 좀 더 자세히 알아보기 위해 우선 재영이가 하루를 어떻게 보내고 있는지를 물어보았다. 열세 살 재영이는 여섯 개의 학원과 과외 수업을 감당하고 있었다. 학습지 두 개에 영어 학원, 미술 학원, 수학 과외, 바이올린 개인 레슨까지 받느라 연예인 못지않게 바쁜 하루를 살고 있었다. 그런데 어머니 말은 이것도 아이가 워낙 의욕을 보이지 않아 많이 줄인 것이라 했다.

대개 우리나라 아이들이 사교육에 본격적으로 노출되는 때는 초등학교 4~5학년이라고 한다. 그때부터 중학교를 대비한 선행 학습에 들어가기 때문이다. 요즘은 국제중학교 바람이 불면서 초등학생들의 공부 부담도 중고등학생 못지않게 높아졌다.

문제는 대부분의 아이가 정신없이 과외를 받고 학원에 다니면서도 정작 왜 이렇게 공부를 해야 하는지 모르고 있다는 것이다. 부모들은 한결같이 "이게 다 너 잘되라고 하는 거야."라고 말하지만 정작 아이는 공부와 성공의 상관관계를 잘 모른다. 아이는 그저 부모가 시키는 대로 목적 없이 하루하루를 살아가고 있을 뿐이다.

재영이의 경우도 마찬가지였다. 밤 열 시가 넘도록 학원과 과외를 받고 집에 돌아와서는 숙제를 한다. 모든 게 끝나면 거의 자정 가까운 시간이다. 그제야 잠자리에 들지만 다음날 아침이면 또 눈 뜨기 무섭게 학교와 학원의 쳇바퀴 속으로 들어가야 한다.

부모의 삶의 태도가 아이에게 미치는 영향

어머니에게 물어보았다.

"어머니는 꿈이 뭔가요?"

어머니는 좀 당황한 듯 웃으며 얼버무렸다.

"저야 애들이 잘 자라 주는 게 꿈이죠."

"그건 애들 인생에 관한 것이지 어머니 인생은 아니잖습니까?"

"애들 인생이 곧 제 인생이잖아요."

"그럼 어머니 자신의 꿈은 없는 건가요?"

"애들 꿈이 제 꿈인데 왜 제가 꿈이 없는 건가요?"

재영이 어머니는 억울하다는 듯 항변했다. 이 땅의 어머니들은 대부분 자신과 자식을 동일시한다. 아이의 꿈은 곧 어머니의 꿈이고, 아이의 성공 역시 어머니의 성공이다. 문제는 여기서 꿈을 이루기 위해 노력하는 주체가 어머니가 아니라 자식이라는 것이다.

재영이 어머니의 말대로라면 재영이는 자신의 꿈을 이루기 위해서만 노력하는 것이 아니라 어머니의 꿈을 이루기 위해서도 노력해야 한다. 재영이가 실패하면 그것이 곧 어머니의 실패로 연결되기 때문이다.

아이에게 수많은 학원과 과외를 강요하는 부모, 아이에게 지나친 학습 스트레스를 조장하는 부모에게 정작 본인들은 어떻게 살고 있냐고 물어보면 대부분 제대로 대답하지 못한다. 그저 아이를 채근하고 등을 떠미는 인생을 살고 있을 뿐이기 때문이다. 그리고 그것이 자기 인생의 목표이자 전부라 믿고 있다.

삶에 대한 목표의식을 가지지 못한 어린아이가 인생을 어떻게 살 것인가, 왜 공부해야 하는가를 깨닫는 것은 순전히 부모에 의해서이다. 부모가 열심히 살아가는 모습을 보면서, 부모가 목표를 가지고 도전하고 성공하는 모습을 보면서 아이도 목표를 만들고 꿈을 꾸게 되는 것이다.

여공에서 하버드대 박사가 된 서진규 씨가 바로 그런 어머니였다. 미군 장교로 복무하던 그녀가 하버드대학원에 입학하게 된 것은 딸이 하버드대에 떨어진 것이 계기가 되었다고 한다.

지원한 대학에 떨어지는 바람에 크게 상심한 딸을 보고 서진규 씨는 '엄마가 열심히 노력해서 하버드에 들어가면 딸도 분명 자극을 받게 될 거야.'라고 생각했다. 그래서 그녀는 이를 악물고 공부해 하버드대학원에 입학했고 그녀의 예상대로 딸도 어머니 모습에 자극을 받아 다시 하버드대에 도전했다. 결국 하버드대 역사상 최초로 모녀가 대학원과 대학에 같이 다니는 멋진 결과를 일궈 냈고 이들 모녀의 삶은 미국 사회에서도 큰 이슈가 되었다.

한국의 부모 중 서진규 씨처럼 아이에게 꿈을 주기 위해 자신부터 꿈을 꾸어야 한다고 생각하는 부모가 얼마나 있을까. 삶에 대한 부모의 태도가 곧 삶에 대한 아이의 태도를 만든다는 것을 인식하고 있는 사람이 얼마나 될까.

아이와 자신을 동일시하면서도 정작 아이에게 좋은 영향을 미치려는 노력은 하지 않고, 아이를 통해 자신의 못다 이룬 꿈, 정확히 말하면 못다 이룬 욕심을 이루려고 하고 있지는 않은가?

부모의 열등감이 꿈이 없는 아이를 만든다

아는 교수님 중에 미국에서 어렵게 공부해 학위를 따고는 한국에 들어와서 인디밴드 활동을 하는 아들을 둔 분이 있다. 이 분은 아들이 공연을 하면 기꺼이 주위 사람들을 초청해 공연을 보러 가신다. 아들의 선택을 인정하고 격려하기에 가능한 일이다.

이에 반해 또 한 분은 본인이 한국 최고의 대학을 나왔으니 자식들도 모두 그 대학을 나와야 한다고 어릴 때부터 무섭게 주입시켰다. 그런데 아들 셋 중 둘은 아버지가 졸업한 학교에 들어갔지만 한 명은 그렇지 못했다. 아버지는 자기의 욕심에 부합하지 못한 아들을 철저히 소외시켰다. '너는 자식도 아니다.'라는 식으로 아들을 대한 것이다. 당연히 아들이 받은 상처는 어마어마했다.

최고의 명문 대학을 졸업하고 좋은 직장을 다닌다고 해서 열등감이 없는 것은 아니다. 자식들에게 자신과 똑같은 코스를 강요하고, 거기에 실패한 아들을 인정하지 않았다는 것은 본인이 평생 명문 대학의 굴레 속에 갇혀 살았다는 것을 의미한다. 굴레가 곧 열등감이다.

열등감을 가진 사람에게는 '자아방어기제'라는 것이 강하게 작용한다. 자기를 방어하는 데 민감하다는 말이다. 자기에게 조금만 손실이 나도 참지 못하기에, 아이가 부족한 것 역시 참을 수 없는 모욕이라 느낀다. 열등감이란 달리 표현하면 자기 자신의 자질이 부족하다고 느끼는, 약간은 병적인 태도로부터 발생하는 강하고 계속적인 긴장 상태라고도 정의할 수 있다. 부모가 전문 직종의 직업을 가졌다고 자녀도 똑같은 전문 직종을 가져야 하는 것은 아니다. 그럼에도 불구하고 그렇게 고집하고 그에 미치지 못하는 것에 좌절하는 이유는, 자녀의 행복보다는 자녀로 인해 자신의 부족함이 드러나는 것에 두려움을 느끼기 때문이다.

이렇게 열등감으로 가득 찬 부모가 아이에게 끊임없이 공부를 강요할 경우, 아이는 삶의 목표를 점점 잃게 되고 아이 역시 열등감으로 가득 찬 인간이 되어 간다. 열등감을 가지면 학교는 물론이고 사회적인 관계에 적응하기도 힘들어지고 시간이 지날수록 점점 더 고립되어 갈 뿐이다.

부모가 해야 할 일은 무엇일까?

1. 자기 인생의 꿈부터 찾자.

아이에게 꿈을 주고 싶다면 먼저 부모가 꿈을 가져야 한다. 혹시 그동안의 꿈이 그저 잘 먹고 잘 사는 것에 불과하지는 않았는가? 이제 그런 꿈을 추구하는 시대는 끝났다. 아무리 나이 든 중년 부부라 할지라도 찾아보면 얼마든지 꿈꿀 거리가 있다. 부모가 꿈과 도전의식을 가지고 시도하는 모습만으로 아이에게는 큰 도움이 될 것이다. 몸무게 몇 킬로그램을 줄이겠다, 마라톤을 완주하겠다, 책을 몇 권 읽겠다는 꿈도 좋다. 아이에게 말해 주고 보여 줄 수 있는 꿈을 갖자.

2. 아이에 대한 과도한 욕심을 버리자.

아이의 성적에 대한 욕심이 지나친 부모에게는 소아암 병동에 가 보라고 충고하고 싶다. 그곳의 부모가 아이에게 바라는 것이 1등하는 것과 특목고에 들어가는 것이겠는가? 삶에서 가장 중요한 것은 건강한 몸과 마음으로 오늘 하루를 행복하게 살아가는 것이라는 점을 부모가 먼저 깨우쳐야 한다. 부모가 바뀌지 않으면 아이는 계속해서 꿈이 없는 인생을 살아가게 된다. 거듭 말하지만 부모의 역할은 아이로 하여

금 부모가 바라는 인생이 아니라 아이 자신의 인생을 찾도록 도와주는 것이다.

생각해 보기

- 하루 중 내가 아이에게 가장 많이 하는 말은 무엇인가?
- 내가 아이를 지켜보는 동안, 아이도 나를 지켜본다는 것을 생각해 본 적이 있는가?
- 내 꿈은 무엇인가? 나는 원래 꿈이 없는 사람이었나?

02 거짓말하는 아이

    이제 열두 살인 딸이 거짓말을 너무 많이 해 걱정인 어머니가 있었다. 아이의 거짓말은 처음에는 아주 하찮은 것으로 시작되었다.
    누가 책을 어질러 놓았고 누가 물을 엎질렀느냐는 질문에 두 살 어린 동생이 그랬다고 거짓말을 하거나 놀고 싶은 마음에 오늘은 숙제가 없다고 하는 정도였다. 그런 거짓말의 진실이 밝혀질 때마다 가볍게 야단을 치고 지나가기를 수차례, 시간이 지날수록 아이의 거짓말은 갈수록 다양해지고 커졌다.
    학원 선생님이 아파서 오늘은 학원 수업이 없다는 거짓말을 태연스럽게 하고는 집에서 놀았던 사실이 밝혀지면서 엄마는 드디어 매를 들었다. 하지만 아이의 거짓말은 쉽게 끝나지 않았다. 어느 날 친구 생일 선물을 사야 한다고 돈을 타 가서 자기가 사고 싶은 것을 사는 일이 발생했고 결국 엄마는 전문가에게 도움을 요청하게 되었다.

많은 부모가 아이의 거짓말을 심각하게 받아들이는 편이다. 부모들 중에는 "세상에서 거짓말하는 아이가 제일 싫어."라고 말하며 아이의 거짓말에 대해 엄격하게 반응하는 이들도 많다.

부모가 다른 특성보다 정직성을 중요하게 생각하고, 성격을 형성하는 데 중요한 요소로 판단하는 일은 당연하다. 성인이 되면 거짓말이 대인관계에 많은 영향을 미치게 되는 것도 사실이다.

그런데 심리학을 공부한 사람들은 아이의 거짓말에 관해 다소 관대한 편이다. 이런 차이는 부모는 교육적인 관점에서 아이의 거짓말을 바라보지만 후자 쪽은 아이의 심리적인 측면에서 거짓말을 바라보기 때문이다. 거짓말은 대개 아이의 잘못된 판단 또는 개념 때문에 발생한다. 아이의 거짓말은 '잘못'이나 '죄'의 영역이라기보다는 발달 단계에서 심리적인 현상의 한 가지로 생각하는 것이 좋다.

특히 네 살 이전의 아이는 현실과 비현실을 구분하는 것 자체가 어려워 자기의 상상을 토대로 표현한 것이 거짓말로 비쳐질 때가 많다. 그래서 여섯 살 이전의 아이가 하는 거짓말은 거짓말이라고 판단하는 것도 어렵고, 때로는 열 살 이전의 아이도 동화적인 차원에서 거짓말을 할 때가 많다.

아이가 하는 거짓말의 양상을 좀 더 자세히 소개하자면, 이야기 전체를 사실이 아닌 것처럼 지어서 말하는 거짓말이 있는가 하면 부분적으로는 진실을 말하고 나머지는 거짓으로 말하는 경우도 있다. 대부분의 아이가 거짓말을 처음 하게 되는 계기는 어떤 행동의 결과를 피하기 위해서이다. 그 다음으로는 자신의 자존감을 강화하려고 거짓말을 하는 경우이다. 때로는 어른들이 거짓말하는 것을 보고 따라 하기도 한다. 이럴 경우에는 왜 거짓말을 했는지 아이에게 물어보는 것은 별로 효과를 얻지 못하고 자칫 잘못하면 거짓말하는 행동을 더 강화시킬 수도 있다. 그렇다고 해서 아이의 거짓말을 축소해서는 안 되며, 만약 아이가 거짓말하는 것이 분명하다는 확신이 들 때는 바로 '직면'하는 태도가 필요하다. 만일 부모가 확신이 서지 않는다면, 직면하지 말고 아이가 진실을 말했는지 거짓을 말했는지를 캐내는 과정이 필요하다. 아이는 이때 부모가 어떻게 대처하느냐에 따라 정직성과 신뢰를 배우게 되며 삶의 초석을 만들어 간다.

때로는 뿌리가 낮은 자존감이나 열등감 또는 우울증, 현실에 대한 부정확한 이해로 거짓말을 할 수도 있다. 학령기 아이는 경쟁관계에서 존재를 인정받기 위해 거짓말을 한다. 어떤 아이는 규칙을 엄격하게 따르며 패배를 인정하지만 어떤 아이는 자신의 패배를 받아들이지 못해 속임수를 쓰려 한다. 자존감이 손상되는 것이 두려운 나머지 어떤 값을 치르고서라도 이겨야 한다는 생각을 가졌기 때문이다. 심리적으로도 항상 1등을 하거나 다른 아이와 비교해서 이겨야 한다는 높은 성취동기에서 오는 심리적 압박감을 견디지 못해 거짓말을 일삼는 것을 구분해야 한다.

아이가 거짓말을 하지 않도록 만들려면 부모가 아이에게 제대로 설명해야 할 것이다. 어떤 게임이나 공부에서 1등을 한다는 것은 삶에서 2차적인 문제에 불과하며, 중요한 것은 솔직하고 순수하게 거짓 없는 삶을 살아야 한다는 것을 말이다.

아이는 부모를 통해 불신의 감정을 배운다

거짓말을 하는 아이를 둔 부모는 열이면 열 "대체 누굴 닮아서 이렇게 거짓말을 하는지 모르겠다."라고 말한다.

그런데 그렇게 말하는 부모는 과연 거짓말이라곤 절대 하지 않으며 살까? 현실은 그렇지 않다고 생각한다. 물론 매일같이 거짓말로 사기를 치고 지능적인 거짓말을 일삼으며 살지는 않겠지만 부모 역시 거짓말을 하고 있을 것이다. 무엇보다 중요한 것은 아이를 상대로 거짓말을 해왔고, 지금도 하는 중이라는 것이다.

많은 부모가 잘못 생각하고 있는 것이 아이와 부모의 관계, 또는 아이와 어른의 관계에서는 거짓말이 큰 의미가 없다고 여기는 것이다. 달리 표현하자면 어른들은 때에 따라 아이에게 거짓말을 할 수 있다고 생각하며, 그것이 거짓말이라는 생각조차 하지 않는 경우도 많다.

엄마들이 가장 쉽게 저지르는 잘못을 예로 들어 보겠다. 아이를 집에 두고 외출을 해야 하는데 아이가 울면서 떨어지지 않으려 할 때, 아이에게 엄마가 너를 두고 나가야 한다는 사실을 제대로 이해시킨 뒤에 집을 나가는 엄마는 많지 않다.

대부분은 우는 아이를 쉽게 달래려고 "그럼 엄마가 잠깐 나가서 아이스크림 사 올게." 또는 "엄마 잠깐 화장실 갔다 올게."라고 말해 놓고는 가 버린다. 이런 사소한 거짓말을 한 뒤에 엄마가 집을 나가면 아이는 엄마가 금방 돌아올 것으로 생각하고 문만 열려도 돌아보며 엄마를 기다린다.

이럴 때는 설사 아직 시간 개념이 없는 아이라 할지라도 엄마가 아이에게 "지금이 10시니까 6시에는 올게."라는 식으로 충분한 설명을 하면, 아이는 무작정 기다리지 않는다. 그러다가 좀 더 자라 아이에게 시간 개념이 생기면 엄마를 믿고 기다릴 줄 알게 된다.

주의할 것은 아이에게 6시에 오겠다고 약속을 했다면 무슨 일이 있어도 그 약속을 지키는 것이다. 그런데 대부분 부모가 그렇지 못할뿐더러 약속을 어긴 것에 대한 죄책감도 갖지 않는다. 이런 것들이 결국 부모가 아이에게 하는 거짓말이다.

이 외에도 아이가 울며 보채면 다음에 놀이 공원에 데리고 가겠다거나 장난감을 사 주겠다는 등의 약속을 쉽게 남발하고, 그 약속을 쉽게 잊어버리는 것도 대표적인 거짓말이다.

지인 중에는 이런 사람도 있었다. 그는 초등학생이던 시절 부모에게 피아노를 사 달라고 졸랐다가 중학생이 되면 사 주겠다는 약속을 받아 냈다고 한다. 그런데 중학생이 되자 부모는 고등학교에 들어가면 피아노를 사 주겠다고 말을 번복했다. 하지만 고등학생이 되자 이번에는 대학에 들어가면 사 주겠다고 또 말을 바꾸었다.

결국 부모는 피아노를 사 주지 않았고 그도 어느 순간부터는 피아노의 '피'자도 꺼내지 않게 되었다고 한다. 그리고 피아노뿐만 아니라 부모에게 그 어떤 것도 기대하지 않게 되었다고 한다.

부모의 약속을 철석같이 믿고 있던 아이는 시간이 지나도 그것이 지켜지지 않는 것을 보면서 실망과 좌절을 경험하게 되고 급기야는 체념의 상태에까지 이른다.

이 과정에서 제일 중요한 것은 거듭되는 부모의 거짓말로 인해 아이가 불신의 감정을 깊게 느낀다는 것이다. 그 정도로 무슨 불신 운운하느냐 생각할지 모르지만, 그건 어디까지나 부모의 생각이다. 어린아이일수록 부모의 솔직하지 못한 모습을 통해 불신을 배우게 될 확률이 높다.

부모의 열등감이 거짓말쟁이 아이를 만든다

아이를 믿지 못하는 부모가 있다. 분명히 자기가 낳은 자식이고 자신의 유전자를 가장 많이 닮은 존재임에도 아이가 하는 말은 우선 불신하고 보는 부모, 이들이 바로 열등감이 가득한 부모다. 열등감 때문에 누군가를 진심으로 믿지 못하는 것이다.

예를 들어 아이가 처음 보는 '유희왕 카드'를 가지고 있다고 하자. 엄마가 "그거 웬 거니?"라고 물었을 때 아이는 "용돈을 모아 샀어요."라고 대답했다. 그런데 엄마는 그 카드가 비싼 것으로 알고 있다. 아무리 생각해도 아이가 얼마 안 되는 용돈으로 그것을 샀을 리 없고 왠지 문구점에서 훔친 것이 아닐까 싶은 의심이 든다.

열등감 없는 부모라면 이런 의심을 할 리도 없다. 아무리 카드가 비싸 보이더라도 아이가 제 돈으로 샀다고 하면 그 말을 그대로 믿어 주기 마련이다.

설사 아이가 문방구에서 카드를 훔쳤다 하더라도, 엄마가 자신을 진심으로 믿어 주는 것을 마음으로 느끼면 아이는 제자리로 돌아오는 법이다. 그 카드를 훔쳤다고 나중에라도 진실을 말할 확률이 높다. 이럴 때는 엄마의 반응이 중요하다. 아이가 사실대로 말하면 잘못한 것에 대해서는 정확하게 야단치더라도 "네가 용기를 내서 그렇게 말해 준 것은 고마워." 하고 아이의 결정을 칭찬해 줄 필요가 있다.

그런데 엄마가 "내 그럴 줄 알았어."라며 아이를 때린다면 아이는 '자수해서 광명을 찾는 게 아니라 자수하면 더 맞는구나.'라는 생각을 하게 될 것이고, 다음에 또 그런 짓을 하더라도 절대 진실을 말하지 않을 것이다.

그런데 정작 문제는 열등감 때문에 불신의 감정이 강한 엄마 유형이다. 이런 엄마는 아이가 아무리 용돈으로 샀다고 해도 "이 자식이 어디서 거짓말이야? 네가 그럴 돈이 어디 있어? 이거 훔친 거지?" 하고 아이를 도통 믿으려 하지 않는다.

자신을 믿지 않는 부모와 사는 것만큼 아이에게 불행한 일은 없다.

불행한 아이는 거짓말을 더 많이 하기 마련이다. 더 큰 거짓말을 해야 부모를 속일 수 있다고 계산하기 때문이다. 진실을 말해도 어차피 믿지 않을 테니 어설픈 거짓말이 아니라 정말 완벽하게 속일 수 있는 거짓말을 하려고 아이는 고군분투하게 될 것이다.

인간관계에 불신을 갖게 되면 대인관계가 제대로 형성될 리 없다. 인간관계에서 신뢰를 경험해 보지 못한 절망감은 평생을 갈 것이다.

부모의 불신 역시 그 기원을 찾아 올라가면 자신을 믿지 않는 부모로부터 시작되었을 확률이 높다. 부모에게 믿음을 얻지 못했으니 자신도 자라서 아이를 믿지 못하는 부모가 되고 말았다. 불신은 또 다른 불신을 낳는다. 부모가 자신의 열등감을 극복해 아이를 믿어 주는 것만이 불신의 악순환을 끊을 수 있는 유일한 방법이다.

도벽 있는 아이, 어떻게 해야 할까?

아주 어린아이가 문구점이나 슈퍼에서 사소한 것들을 훔치는 것은 있을 수 있는 일이다. 그러나 성장해 가면서 정상적인 아이는 양심이 발달하기 때문에 그런 행동을 스스로 중단하게 된다. 그런데 시간이 지나도 계속적으로 훔치는 아이가 있다. 그런 아이는 나쁜 행동이라는 것을 알면서도 그 물건을 갖고 싶은 욕구가 너무 강하기 때문에, 달리 말하면 욕구가 양심을 이기기 때문에 계속해서 훔치게 된다.

어떤 아이는 자존감을 키우기 위해 남의 물건을 훔치고 어떤 아이는 뭔가에 대한 결핍감 때문에 물건을 훔친다. 훔친 물건으로 부모의 사랑과 관심, 애정의 부재를 채우려는 것이다. 때로는 부모에게 갚아 주고 싶은 분노 때문에 훔치기도 한다.

아이가 어떤 이유에서 물건을 훔쳤든, 중요한 것은 부모가 아이의 행동을 고치려면 그 순간 직접적으로 개입해야 한다는 것이다. 그 행동 자체를 간과하거나 축소하려고 하지 말고 즉각적으로 개입하고 행동하되, 아이가 물건을 왜 훔쳤는지 이해하기 위해 애써야 한다. 인내심을 가지고 꾸준히 대화를 시도해 아이의 마음을 읽어 내야 한다. 부모가 이렇게 아이의 마음을 읽으려 노력하고, 그로 인해 아이가 원하는 것을 채워 줬음에도 불구하고 훔치는 행동이 반복된다면, 그때는 보다 전문적인 상담 기관을 통해 도움을 받는 것이 좋다.

부모가 해야 할 일은 무엇일까?

1. 아이를 대할 때는 늘 솔직하게 대한다.

그 순간을 모면하기 위해 사소한 거짓말을 늘어놓지 않는다. 외출할 때 아이가 불안감을 느끼고 떨어지지 않으려 하면 돌아올 시간을 분명하게 말하고 한번 약속한 것은 꼭 지키도록 한다. 만약 약속 시간보다 늦어진다면 아이에게 늦는다는 사실을 미리 알려주어야 한다.

보통 아이를 맡고 있는 어른에게만 그 사실을 통보하고 아이에게는 전달하지 않는 부모가 많은데 아이가 시간 개념이 없는 나이라 하더라도 사실을 알려주는 것이 옳다. 그래야 아이가 무작정 엄마를 기다리며 엄마에 대한 불신을 키우는 일이 없다.

2. 아이가 솔직하게 이야기를 할 때는 그 내용이 다소 옳지 않은 내용이더라도 솔직함에 대해서는 인정하고 칭찬해 주어야 한다.

"네가 게임 머니를 사기 위해 돈이 필요하다고 솔직하게 말했으니 줄게."

이렇게 말하는 부모라면 아이는 책을 산다는 거짓말로 게임 머니 살 돈을 마련하는 행동은 하지 않을 것이다. 부모는 결론적으로 게임 머니를 사는 것에만 관심을 두는데, 자녀 교육에 있어 중요한 것은 결과가 아니라 과정이라는 것을 잊어서는 안 된다.

3. 아이의 거짓말을 필요 이상으로 심각하게 받아들이지 않는다.

특히 거짓말을 알아차린 직후에 "네가 거짓말 했으니까 이제 엄마는 네가 하는 말을 믿지 않을 거야."라며 불신의 태도를 보이거나 "바른대로 말해." 하고 지나치게 캐묻는 것은 현명하지 못한 행동이다. 부모가 채근할수록 아이는 긴장하게 되어 평소에 하지 않던 거짓말까지 더 하게 될 수 있다.

아이에게도 비밀이 있을 수 있다는 것을 인정하고 아이가 스스로 거짓말과 결별할 수 있도록 "엄마는 너를 믿어."라고 믿음을 보여주는 것이 가장 좋은 방법이다.

생각해 보기

- 아이가 어떤 말을 할 때 "정말이야? 진짜야?" 하고 계속 추궁하지 않는가?
- 아이에게 사소한 거짓말을 자주하지 않는가?
- 아이와의 작은 약속을 잘 지키는 편인가?
- 아이 앞에서 다른 사람에게 거짓말하는 모습을 들킨 적이 있는가?

03 지나치게 산만한 아이

"수업 시간에 선생님 말씀에 집중을 안 하고 정신이 늘 딴 데 팔려 있어요. 당연히 성적도 안 좋죠. 벌써 열 살인데, 숙제가 뭔지도 모르고 집에 와서 친구에게 물어본 것도 한두 번이 아니에요. 친구 엄마 얼굴 보기가 부끄러울 지경이에요."

예전에는 산만한 것이 큰 흠은 아니었다. 남자아이라면 특히 어느 정도 산만한 것은 기본이고 오히려 그런 산만함이 호기심 많은 사내아이다운 기질로 칭찬받기도 했다.

그런데 요즘은 산만함이라면 질색을 한다. 산만한 아이는 자연스레 학습 능력이 떨어지는 아이로 분류되기 때문이다. 이런 아이가 곁에 있으면 옆의 아이도 영향을 받는다고 생각해서 엄마들이 단체로 싫어하기 일쑤다. 그래서 지나치게 산만한 아이는 친구들로부터 소외받기도 쉽다. 이쯤 되면 산만한 아이를 둔 부모는 속이 타지 않을 수 없다.

아이가 산만한 이유는 대개 집중력이 부족하기 때문이다. 한 가지에 오래 집중할 수 없으니 여기저기 관심거리가 빠르게 옮겨 다녀 자연스레 산만해 보인다.

"친구들 하고 놀 때는 어때요? 집중해서 잘 노나요?"

"친구들 하고 놀 때는 아주 정신없이 빠져들어서 놀죠."

"그럼 범이는 집중력이 없는 게 아니라 그저 공부에 대한 집중력이 부족한 겁니다."

범이 어머니는 이해할 수 없다는 표정이었다.

"친구들과 노는 데도 집중력이 필요해요. 어머니도 친구들 하고 이야기할 때 집중을 하지 않으면 대화가 어떻게 흘러가는지 놓칠 때가 있잖아요. 범이도 마찬가지죠."

대부분의 부모는 집중력에 대한 관점이 범이 어머니와 비슷하다. 공부에 집중하느냐 집중하지 않느냐만을 기준으로 삼는다.

집중력은 우리 몸의 비타민과 비슷하다고 생각하면 이해하기 쉽다. 뭉뚱그려 비타민이라고 부르긴 하지만 비타민은 사실 비타민A, 비타민B, 비타민C, 비타민D 등 매우 세부적인 영양소로 나뉜다. 이것들은 모두 우리 몸의 각각 필요한 곳에 개별적으로 쓰이고 부족할 경우에도 개별적 문제를 일으킨다. 비타민A가 부족하면 야맹증이 올 수 있고 비타민D가 부족하면 뼈가 잘 성장하지 않는 것처럼 말이다.

집중력도 마찬가지다. 단순하게 "집중력이 부족해."라고 판단하기 어렵다. 왜냐하면 집중력 안에도 학습에 대한 집중력이 있는가 하면 흥미에 대한 집중력이 있고, 야외 활동에 대한 집중력, 친구에 대한 집중력 등 다양한 집중력이 존재하기 때문이다.

대부분의 부모가 저지르는 실수는 학습에 대한 집중력이 없는 것만으로 바로 "우리 아이는 집중력이 없어."라고 전체적인 집중력 부족으로 평가해 버리는 것이다. 학습에 대한 집중력은 전체 집중력의 한 요소일 뿐인데 그것 하나로 아이를 집중력이 없는 아이로 쉽게 단정해 버린다.

무슨 비타민이 부족한지 알아야 제대로 약을 먹고 치료할 수 있는 것처럼 아이에게 부족한 집중력이 어느 부분인지를 알아야 제대로 된 개선방법을 제시할 수 있다. 아이에게 무엇이 부족하고 필요한지를 제대로 알지 못하면 자꾸 헛다리를 짚어 행동수정은 못하고 오히려 상황만 나빠질 수 있다.

범이 같은 유형은 억지로 책상에 앉혀 책을 읽게 해도 내용이 눈에 들어오지 않는다. 책을 앞에 두고 있지만 눈은 책상 위에 적어 놓은 낙서나 책상 밑에 붙여 놓은 껌을 찾기 일쑤고 그것마저 없으면 발가락을 까닥거리거나 방바닥에 개미가 한 마리 지나가지 않는지 훑어보느라 바쁘다. 물론 그렇다고 범이가 낙서나 껌, 발가락, 개미 등에 무궁무진한 흥미를 가지고 있는 것도 아니다. 그저 낙서, 껌, 발가락, 개미 등으로 바쁘게 옮겨가는 데 의미를 두고 있을 뿐이다. 시선을 한 군데 오래 둘

수 없는 탓이다.

그러니 엄마가 눈을 부릅뜨고 감시해서 한 시간 동안 책을 읽게 하더라도 책을 덮은 뒤에 줄거리를 물어보면 떠듬떠듬 대답할 뿐이다. 마치 어른들이 시간을 때우려 웹서핑을 할 때 수백 개의 뉴스를 검색하고 여기저기 사이트를 훑어가지만 목차와 헤드 카피만 건성으로 읽고 지나가는 것처럼 집중하지 못하는 아이는 책과 선생님 말씀을 건성으로 대한다.

이런 아이도 만화영화나 게임에는 집중력을 보이는데 그 이유는 만화나 게임은 아이의 말초신경을 자극해 아이의 집중력을 어느 정도 붙들어 두는 힘을 가졌기 때문이다.

아이의 집중력은 부모와의 관계에서 결정된다

집중하지 못한다는 것은 대상에 대한 흥미와 호기심을 느끼지 못한다는 의미다. 좀 더 심각하게 표현하면 대상에 대한 감정이 생기지 않는다는 것을 뜻한다. 아무 감정이 없으니 흥미와 호기심이 없고 그러니 집중할 이유도 없다. 거리를 스쳐 지나가는 무수한 타인들에게 눈을 맞추고 저 사람이 뭘 입었는지, 무슨 생각을 하는지 신경 쓰지 않는 것처럼 말이다.

문제는 공부와 선생님이라는 대상이, 마땅히 관심을 쏟아야 하고 흥미와 호기심을 느껴야 하는 대상임에도 불구하고 그렇게 하지 않는다는 점이다.

'주의력결핍장애' 같은 병리학적 문제가 있지 않은 이상 아이가 이런 모습을 보이는 이유는 부모에게 있다. 좀 더 구체적으로 말하면 부모와의 관계에 문제가 있기 때문이다.

"대화를 나눌 때 아이와 눈을 맞추고 이야기하시나요?"

"야단치기 바쁘니까 눈 맞추고 이야기할 여유가 없죠."

산만한 아이를 둔 부모는 대개 비슷한 대답을 한다.

"아버지는 어떠세요?"

"아버지가 야단치면 애가 고개를 푹 숙이고 말을 안 해요. 대답하라고 채근하면 마지못해 '예' 하고……."

알고 보니 부모님은 범이가 어릴 때부터 눈을 맞추고 이야기한 적이 거의 없었다. 대화는 하되 서로의 눈은 바라보지 않은 채 허공에다 대고 또는 상대방의 팔이나 어깨 부분에 대충 시선을 맞추고 말을 한다고 생각해 보라. 이것은 온전한 의사소통이라 할 수 없다.

문제는 이뿐만이 아니었다. 범이가 부모님의 말에 대답이라도 할라치면 바로 "넌 가만히 있어. 어른이 말씀하시잖아." 하고 제재를 가하거나 "어디서 눈을 똑바로 뜨고 대들어." 하고 야단을 친 적도 많았다.

이런 집에서는 아이가 자기 의견을 표출해도 그것이 부모에게 제대로 전달되지 않는다. 아이가 이야기를 시작하면 "그래, 너 하고 싶은 대로 이야기 다 해."라고 기다려 준 다음 부모가 말을 하기보다는 "너는 가만히 있어 봐. 엄마 말부터 들어." 하고 아이의 말을 자르기 일쑤다.

그리 길지도 않은 아이의 말 몇 마디도 끝까지 들어주지 못하는 부모, 눈을 맞춰서 말하지 않는 부모 밑에서 자라는 아이는 타인에 대한 흥미와 호기심을 배울 수 없다. 당연히 집중력을 키울 기회조차 얻지 못한다. 아이는 어린 시절부터 부모와 눈을 맞추는 그 시간을 통해 처음으로 집중이란 것을 경험하기 때문이다.

대화할 때 부모의 올바른 개입

아이의 말을 끝까지 들어주라는 말은, 아이가 말할 때 부모가 아무런 개입도 하지 말라는 의미는 아니다. 대화를 할 때 부모의 개입은 훼방하는 개입과 촉진하는 개입으로 나뉜다.

훼방하는 개입은 아이에게 생각을 표현하게 만들기보다는 '아니고'와 같은 변명을 하게 만드는 개입이다. 예를 들어서 "엄마가 숙제부터 하고 놀라고 했지? 그래서 네가 잘못했지?" 하는 식으로 아이를 몰아가면 아이는 자신을 보호하기 위해 끊임없이 "그게 아니고요."를 반복할 수밖에 없다.

촉진하는 개입은 출산 때 예정일이 지나도 아기가 나올 기미를 보이지 않을 경우 산모에게 주사하는 촉진제처럼, 아이가 제 생각을 제대로 표현할 수 있도록 적당한 시기에 유도하고 자극하는 개입이다. 예를 들어서 "그래서 네 생각은 어때? 그때 어떤 기분이 들었어?" 하는 식으로 부모가 대화의 물꼬를 터 줌으로써 아이가 제 생각을 정리할 수 있도록 도와주는 것이다.

지나치게 완벽한 부모는 아니었나?

산만한 아이를 둔 부모의 문제 유형을 살펴보면 또 하나 빠지지 않고 등장하는 것이 있다. 부모가 지나치게 도덕적이거나 또는 도덕적인 척한다는 것이다. 도덕적인 부모는 아이를 평가하는 것에 민감할 수밖에 없다. 앞서 범이 부모님이 범이에게 "넌 가만히 있어." 또는 "어디서 눈을 똑바로 뜨고 대들어." 같은 양육 태도를 보인 것도 아이는 어른의 말을 가로막거나 대들면 안 된다는 도덕적 편견에 사로잡혀 있기 때문이었다.

지나치게 도덕적이고, 그로 인해 평가 기준이 엄격한 부모는 아이에게도 완벽을 추구한다. 작은 실수를 하거나 숙제를 깜박하는 것, 아이가 다른 사람에게 예의 없게 구는 것, 또 남에게 피해를 주는 것을 극도로 싫어할 뿐더러 자기 아이가 밖에 나가서 남들에게 욕을 먹게 될까 봐 늘 전전긍긍한다. 어느 정도 도덕적 가치관을 강조하고 성숙한 행동을 요구하는 것은 당연한 일이겠지만, 이것이 아이를 잘 키우기 위해서라기보다는 본인이 그 순간을 못 견디기 때문이라면 문제가 있다.

부모가 아이의 말을 듣지 않고 아이의 말을 자르고 무시하면 아이가 경험하는 감정은 '억압'이다. 자신이 뭘 해 봤자 엄마, 아빠는 분명 "네가 어디, 네가 무슨" 같은 반응만 보일 것이 확실하니까 아이는 무언가를 새로 시작하고 거기에 집중하는 시도조차 하지 않게 되는 것이다. 부모와 아이의 관계 자체가 어긋나기 시작하니 아이가 학교생활에도 흥미를 가질 리가 없다. 그런데 부모는 단순히 자기 아이가 부족해서 이런 일이 생긴다고 생각해 때로는 "네 형은(네 동생은) 안 그런데 너는 왜 그러니?" 하고 형제, 자매와 비교하면서 아이의 열등감을 부추긴다. 이것은 아이에게 또 한 번의 심리적인 좌절을 안겨 주는 행동이다.

처음에 실패를 하더라도 부모가 그것을 받아들이는 과정에서 "너는 잘 할 수 있어."라고 용기를 북돋아 주면 아이는 실패를, 열등감을 극복하는 과정으로 삼을 수 있다. 그런데 부모가 더 비난하고 질책하면 그것은 바로 현실적인 패배감으로 연결된다.

"역시 나는 안 돼. 나는 우리 엄마가 안 된다고 했으니까 안 될 거야."라고 생각해 버리는 것이다.

범이가 그나마 친구들과의 관계가 괜찮은 것은, 친구들은 범이에게 이런 열등감을 안겨 주지 않기 때문이다. 그리고 아직 그런 인간관계가 살아 있다는 것은 매우 희망적인 일이다. 범이보다 더 심각한 경우에는 대인관계에 집중하지 못하는 경우도 있다. 친구와 이야기를 하면서 친구와 눈을 맞추지도 못하는 것이다. 사람과 사람 사이에 눈을 맞추지 못한다는 것은 그만큼 자신감이 없다는 것을 의미한다.

부모의 열등감이 산만한 아이를 만든다

다시 처음의 문제로 돌아가서 생각해 보자. 범이 어머니는 왜 범이와 눈을 맞추며 대화하지 못하는 것일까?

"일단 애가 잘못하고 있는 게 먼저 눈에 들어오니까 화부터 내면서 말을 하게 되잖아요. 그러면 애가 제 눈을 제대로 못 봐요."

범이네 집에서는 대략 다음과 같은 상황이 반복될 것이다. 엄마가 외출에서 돌아왔을 때 범이가 제 방에서 장난감을 가지고 놀고 있다고 치자. 엄마는 바로 "숙제했어? 숙제하고 노는 거야?"라는 질문부터 던진다. 집에 오자마자 아이와 눈을 맞추고 즐거운 이야기를 꺼내기보다는 어떤 잘못을 저지르고 있는 것은 아닌가 살피는 것이 우선이다.

엄마가 이렇게 나오니 아이 역시 엄마와 눈을 맞출 겨를이 없다. 엄마에게 또 꾸중을 들을까 봐 장난감을 치워야 하기 때문이다. 그렇다고 엄마 말대로 바로 숙제를 하지는 않는다. 숙제를 하고 싶은 이성이 아이에게 부족한 상태이기 때문이다. 마음은 원하지 않지만 엄마가 무서워 행동은 그렇게 해야 하는 갈등 상황에 놓이게 되고, 이런 갈등 상황이 계속 반복될수록 아이는 점점 더 행동과 마음이 분리되는 현상을 겪게 된다.

그렇다면 범이 엄마는 왜 "숙제 했어?" 같은 질문부터 던지는 것일까? 결론부터 말하면 그것은 범이 엄마의 열등감 때문이다. 아무리 예의바르고 성실하고 책임감이 강한 사람이라 할지라도 아직 어린 자녀에게도 똑같이 그것을 강요하는 부모라면 그 사람은 열등감을 이겨 내지 못한 사람이다. 아이는 아직 완성된 존재가 아니라는 사실을 자각하지 못할 정도로 열등감에 사로잡혀 있는 것이다.

"범이 어머님의 부모님은 어떤 분이셨습니까?"

이것은 문제 아이의 부모를 상담할 때, 꼭 빠지지 않고 던지는 질문이다. 범이 어머니의 부모님은 '가난한 집안에서 고생고생하며 8남매를 키워 낸' 전형적인 스토리의 주인공이었다. 8남매 중 맏이였던 범이 어머니는 어릴 때부터 늘 동생들에게 모범이 되기 위해 최선을 다해야 했지만 살아가는 것이 힘들었던 부모님은 모든 스트레스를 맏이인 범이 어머니에게 풀었다. 당연히 범이 어머니의 어린 시절은 늘 눈물 바람이었다고 한다.

범이 어머니도 또 한 명의 피해자였다. 부모로부터 제대로 인정을 받지 못한 상처를 어른이 된 뒤에도 극복하지 못해 범이에게 고스란히 풀고 있는 셈이었다. 어머니는 범이를 보면서 인정받지 못했던 자신의 어린 시절을 끊임없이 되살리고 있었다. 그래서 더더욱 "너는 더 잘해야 돼.", "너는 완벽해야 해."라는 주문을 걸고 있었고, 그래서 범이의 아이다운 모습마저도 큰 문제로 인식했던 것이다.

무엇보다 통제하고 억압함으로써 아이를 완벽하게 만들어 갈 수 있을 것이라는 생각이 가장 큰 문제였다.

부모가 해야 할 일은 무엇일까?

1. 우선 아이의 산만함이 부모의 열등감에서 시작되었다는 것을 인정한다.

2. 아이를 통해서 인정받지 못한 자신의 어린 시절을 되돌릴 수 있을 것이라는 생각을 버린다.

3. 잘못을 꾸짖기 이전에 먼저 아이의 눈을 바라보면서 제대로 된 의사소통을 시도한다.

4. 아이의 부족함을 그대로 인정하고, 아이 스스로 가장 자기다운 모습으로 자랄 수 있도록 도와준다.

부모가 원하는 아이로 키우기 위해서 아이를 구속하지 않는다.

5. 부모가 일관성 없이 아이를 대할 때 아이가 산만해질 수 있다는 것을 인정한다.

가정생활 중에서 부모는 말의 일관성, 감정의 일관성, 행동의 일관성을 보여야 한다. 기분에 따라 아이를 대하는 모습이 바뀌지 않도록 조심한다. 가장 나쁜 양육은 일관성 없는 양육이다.

생각해 보기

- 엄마가 아빠를 대하는 모습, 아빠가 엄마를 대하는 모습에서 이중적이거나 비합리적인 모습을 보이지는 않았나?
- 아이의 잘못을 질타하거나 칭찬할 때 부모는 어떤 말과 태도를 취하는가? 그때 아이의 반응은 어땠나?

04 폭력적인 아이

　이제 중학교 2학년인 경식이가 갑자기 반항아로 돌변한 것은 중학생이 되면서부터라고 했다. 아이가 사춘기에 접어든 탓이라고 생각해 그냥 내버려두었던 부모는 아이의 행동이 지나친 수준에 이르자 전문가의 도움이 필요하다고 판단했다.

　경식이는 부모가 조금만 야단을 치면 그걸 곧이곧대로 받아들이는 일이 없고 바로 화를 내면서 반박을 하고, 가끔은 스스로 분을 삭이지 못해 책을 집어던지면서 소리를 지른다고 했다. 컵을 집어던져 박살을 낸 적도 있고 죽어 버리겠다고 협박한 적도 있었다.

　게다가 학교에서도 친구들과의 싸움이 잦아지는 바람에 경식이에게 맞은 아이의 부모로부터 전화를 받는 일도 많았다.

"초등학교 다닐 때는 정말 착한 애였거든요. 얼마나 순했는지 몰라요."

"어머니는 경식이가 왜 변했다고 생각하세요?"

"아무래도 친구를 잘못 사귄 게 아닐까요?"

아이에게 나쁜 쪽으로 변화가 일어날 경우 대부분의 부모는 친구를 잘못 사귄 탓이라고 생각한다. 하지만 심리학적으로 볼 때 단기간에 사귄 친구의 영향으로 사람의 고유한 본성이 바뀌는 경우는 거의 없다. 성인이 되기 이전 아이에게 가장 큰 영향을 미치는 존재는 다름 아닌 부모다.

"혹시 부모님이 집에서 경식이를 때리거나 하지는 않았나요?"

"남자애니까 아예 안 때리고 키운 건 아니죠. 그래도 보통 부모들이 때리는 수준으로 몇 대 때리고 말았지 심하게 때린 적은 없어요."

경식이 어머니의 말은 사실일 것이다. 사실 아이에게 심각한 폭력을 행사하는 부모가 자발적으로 전문가의 도움을 요청하는 경우는 거의 없다. 그렇다면 경식이의 반항과 분노는 어디에서 온 것일까?

그런데 역시 문제 아이 뒤에는 문제 부모가 있다는 공식이 이번에도 예외가 아니었다. 상담을 해보니 어머니는 경식이를 손이나 매로 때리지는 않았으나 그 대신 말로 때리고 있었다. 언어폭력의 수위가 심각한 수준이었다.

어렸을 때부터 사사건건 잔소리를 했고 아이가 성장할수록 잔소리에는 조금씩 욕도 섞이기 시작했다. 그러다 정도가 심해지면 손이 올라가는 경우도 있었다. 물론 때리는 것은 어머니의 말대로 심각한 수준은 아니었다.

대체로 난폭하거나 폭력적인 아이는 몇 가지의 특징이 있다. 즉 초등학교 과정부터 부모에게 소리를 지르거나 화를 터뜨리고 난리를 피우다 고학년으로 올라갈수록 그 수위가 높아지는 패턴을 가지고 있다. 고함치고 방바닥을 구르고 도망가는 행동을 일삼으며 특히 손님이 있을 때에 화를 내고 난리를 피우는 행동을 더 많이 한다. 왜냐하면 손님이 있을 경우 부모가 손님 입장을 생각해 평소처럼 즉각적인 반응을 보이지 못한다는 것을 잘 알고 있기 때문이다.

집에서 난동을 부리는 아이의 경우, 시간이 지날수록 점점 더 공격적인 성향을 갖게 되고 주로 아버지보다는 어머니나 형제들을 때리는 행동을 보인다. 자신보다 힘이 약해 보이는 어린 동생이나 마음이 약한 엄마를 이렇게 위협하는 것은 부모를 실망시키려는 욕구와 관심을 요구하는 욕구가 동시에 작용하기 때문이다.

사소한 일에도 분통을 터뜨리고 반항적이고 공격적인 행동을 계속하며, 사소한 일에도 고집을 피우고 이기적인 모습을 보이며 별 것도 아닌 일에 물고 늘어지는 속성을 보이기도 한다. 만약 아이가 이런 모습을 보일 때는 반드시 빨리 전문가의 도움을 받는 것이 좋다.

간혹 아이의 그런 행동을 감싸 주고 부모 자신의 행동을 합리화하려는 경우도 있는데, 부모의 이런 행동은 아이의 문제행동을 더 부추길 뿐이다.

호미로 막을 것을 나중에는 가래로도 막지 못하는 상황에 처하게 된다. 폭력적인 아이는 초기에 어떻게 대응하느냐가 매우 중요하다. 이 문제만큼은 부모 혼자 모든 고민을 떠안으려 하지 말고 전문가의 도움을 받아야 한다. 또 도움을 받을 때는 반드시 아버지와 어머니 모두가 동참해야 한다.

잔소리는 어떤 변화도 불러오지 못한다

"잔소리가 무슨 폭력이에요? 그냥 말인데, 그것도 저 잘되라고 하는 말이잖아요."

잔소리는 엄연히 언어폭력에 속한다. 그것은 잔소리 안에 비난과 질책, 책임 추궁 같은 나쁜 감정들이 들어 있기 때문이다. 이런 감정들은 듣는 사람의 가슴에 비수로 꽂힌다. 상처도 남는다. 여기서 그치지 않고 잔소리는 필연적으로 욕을 부르게 되어 있다. 그것이 잔소리의 운명이다. 왜 그렇게 되는 걸까?

태어나서 처음으로 부모의 잔소리를 들은 아이는 대개 부모가 요구하는 10개 중 8~9개를 해낸다. 아이가 제대로 해내니 부모는 당연히 잔소리가 먹혔다고 생각하고 앞으로도 계속 잔소리를 해야겠다고 생각할 것이다.

여기서 우선 한 가지 오류가 발생하는데 부모의 첫 잔소리가 먹힌 것은 그 말이 아이에게 잔소리처럼 느껴지지 않았기 때문이다. 부모의 말이 진지한 충고이자 새로운 정보로 들렸기 때문에 아이도 부모의 말을 따른 것이다. 부모의 잔소리는 비슷한 패턴으로 계속 이어지며 비로소 '잔소리화(化)'되는데 한번 부모의 말을 잔소리로 인식하기 시작하면 더 이상 부모의 말은 아이에게 먹히지 않게 된다.

잔소리는 정보가 아니기 때문이다. 아이 스스로 부모의 말을 기각시키고 인지 자체를 하지 않는다. 결국 갈수록 부모의 잔소리는 더 많아지고 아이는 귀를 더 닫아버린다. 이런 상태가 심각해지면 다른 사람이 하는 말은 잘 들으면서 부모의 말은 절대로 듣지 않는 지경에 처할 수도 있다. 심지어 부모가 자기 이름을 부르는데도 못 듣는 아이도 있다. 이것은 부모의 목소리 자체를 아이 스스로 없애 버렸기 때문에 일어난 심각한 현상이다.

경식이 어머니가 평소에 경식이에게 하는 잔소리는 50가지가 넘었다. 아침에 식탁에 앉아서 아침을 먹기 시작하면 "너 왜 국은 안 먹니? 밥을 먹을 거면 푹푹 퍼서 먹어. 왜 오징어볶음만 먹니? 나물도 먹어야 머리가 좋아지지. 너는 꼭 몸에 좋은 건 안 먹더라. 국 먹으라니까? 반찬 좀 흘리지 마."

편하게 밥을 먹을 수 없어서 아이가 식탁에서 일어나도 잔소리는 끝나지 않는다.

"왜 벌써 일어서? 넌 왜 아침을 먹은 둥 마는 둥 해? 아침을 안 먹으니까 힘이 없어서 수업 시간에도 집중을 못하는 거야. 그러니까 성적이 좋을 수 있어?"

밥을 먹는 문제는 수업 태도와 성적 문제로까지 이어졌다. 이 정도에서 끝나면 그나마 양반일 텐데 어머니는 집을 나서는 경식이의 뒤통수를 향해 이렇게 한 방을 날리는 것을 잊지 않았다고 했다.
"왜 이렇게 말을 안 들어? 대체 커서 뭐 되려고 그래?"

잔소리는 언어폭력의 시작이다

국을 먹지 않는다고 시작된 잔소리가 결국 미래에 대한 전체적인 부정으로까지 이어졌다. 경식이 어머니의 상황을 봐서도 알 수 있지만 처음에는 별 일 아닌 것으로 시작되었다. "왜 국을 안 먹니?"는 누구나 할 수 있는 말이다. 물론 그것조차도 차라리 "오늘 국이 맛이 없니?"라는 질문이었다면 더 좋았을 것이다.

'왜 국을 안 먹니?'로 시작된 잔소리는 결국 "커서 뭐 되려고 하니."로 이어졌는데 만약 경식이가 현관문에서 좀 더 주춤거리거나 엄마를 한 번 쏘아보기라도 했다면 그 뒤에는 '저 자식, 이 자식'을 동반한 욕이 나왔을 확률이 매우 높다.

잔소리가 먹혀들지 않을수록 목소리는 점점 커지고 상황에 대한 비약도 커질 수밖에 없다. 결국 그것들조차 모두 먹히지 않으면 누구나 욕을 하게 된다.

욕이 신체적 폭력으로 바뀌는 것은 순식간이다. 잔소리가 욕으로 변한 상황에서 아이가 부모에게 소극적인 반항이라도 하게 되면 욕은 금세 폭력을 불러올 수 있다. 욕도 하는데 때리는 것이 어렵겠는가.

폭력에 이르는 과정은 대략 이러하다. 부모가 정신병자가 아닌 이상 폭언도 잔소리도 없다가 갑자기 아이에게 무차별 폭력을 행사하지는 않는다. 눈이 나풀나풀 날리다 폭설이 되는 것처럼 폭력도 조금씩 무게를 더해 가는 것이다.

아빠에게 맞는 엄마를 보면서 자라는 아이

신체적으로 폭력을 행사하는 경우, 집안에는 한 사람의 피해자만 있는 것이 아니다. 아버지가 폭력을 행사하는 집이라면 대개 아이뿐 아니라 어머니도 폭력의 피해자다. 자기가 맞는 것도 힘들지만 어머니가 아버지에게 맞고 사는 것은 끔찍한 괴로움이다.

아이는 처음에는 어머니가 불쌍하다고 생각하고 아버지를 증오한다. 초등학교 고학년이 되면 한두 차례 부부 싸움에 개입도 하는데 그러다 오히려 더 심하게 맞는 결과를 초래하기도 한다.

이런 상황에서 아이가 느끼는 감정은 '나는 아무 힘이 없어.'이다. 어머니를 위해 아무것도 해줄 수 없는 자기 자신에 대해 심각한 자괴감을 느끼게 되고 이것은 앞으로 아이가 살아갈 인생에 커다란 감정으로 남게 된다.

중학생 이후가 되면 부모에게 반항하는 일이 잦아지고 이때 아버지를 싫어하는 증오심이 최고조에 달하게 되면서 복수심으로 똘똘 뭉쳐지게 된다. 폭력을 행사할 수 있는 남자 어른에 대한 막연한 분노 같은 것도 키운다.

가장 무서운 것은 적개심을 느끼면서 동시에 '남자가 여자를 통제할 수 있는 방법은 이것밖에 없구나.' 하고 잘못 배우게 된다는 것이다. 아이는 폭력에 대한 증오와 폭력에 대한 애정을 동시에 가지게 된다.

그동안 경식이는 몇 년에 걸쳐 어머니의 잔소리에 노출되어 있었다. 앞에서 말했다시피 잔소리는 엄연한 언어폭력이다. 언어폭력에 지속적인 피해를 입은 아이는 신체적 폭력을 당한 사람과 비슷한 반응을 보인다. 폭력에 길들여져 겉으로 보기에 얌전하고 수동적인 사람으로 행동하다가 어느 계기를 만나면 용수철이 튕겨 오르듯 갑작스런 폭력성을 발휘하는 것이다.

경식이의 폭력성은 오랜 세월 길들여진 어머니의 언어폭력에 대한 항의로 보였다. 어쩌면 지금 폭발한 것이 다행일지도 모른다. 더 오래 눌러 두었다면 나중에 폭발했을 때의 파급력은 더 클 것이기 때문이다.

열등감이 언어폭력을 부른다

폭력을 행사하는 사람의 마음은 열등감으로 가득 차 있다. 상대에게 어떤 상처를 가하지 않으면 자신이 이길 수 없다고 생각하는 심리 자체가 열등감에서 오는 것이다.

잔소리가 심한 부모일수록 본인들은 결함투성이일 경우가 많다. 자신의 부족함을 아이에게 투사하면서 잔소리가 시작되기 때문이다. 결국 부모의 잔소리가 담고 있는 속뜻은 '나는 이렇지만 너만은 이래서는 안 된다. 이게 다 너를 위한 것이다.'이다.

잔소리가 많아진다는 것은 그만큼 요구나 기대, 목표가 많아진다는 의미이다. 국을 먹지 않는 것만이 문제가 되었다가 시간이 지날수록 밥을 잘 먹지 않는 것, 반찬을 골고루 먹지 않는 것도 문제가 된다.

잔소리가 아이의 행동 변화에 도움이 되지 않는다는 것을 알게 되었을 때 열등감이 없는 부모라면 잔소리를 멈출 것이다. '이렇게 해봐도 도움이 안 되는구나. 그럼 다른 방법을 찾아야겠다.'라고 생각하는 것이 자연스런 일이다.

그런데 열등감이 가득한 부모는 그것이 불가능하다. 행동에 변화가 없는 것은 잔소리가 부질없어서가 아니라 잔소리의 강도가 약해서라고 생각한다. 이런 생각의 이면에는 아이에게 밀리면 안 된다는 열등감이 자리 잡고 있다.

또 한 가지 짚고 넘어가야 할 문제는 잔소리를 하는 부모가 정말 상황을 바꿔 보겠다는 의지로 뭉쳐 있는 것은 아니라는 것이다.

예를 들어 아이의 방이 지저분하다고 하자. 부모는 아이에게 방이 지저분하다고 잔소리를 한다. 언뜻 보기에는 부모의 목표가 방을 깨끗하게 하는 데 있는 것 같지만 실은 그렇지 않다. 정말 방이 깨끗해지는 것이 목표라면 부모는 아이에게 "우리 함께 방을 치울까?"라고 말했을 것이다.

아이가 스스로 방을 치우지 않으리라는 것을 알면서도 부모는 계속해서 잔소리를 늘어놓는다. 아이를 누구보다 잘 알고 있으면서도 잔소리만 늘어놓는 이유는 부모의 목표가 '방을 깨끗하게 하는 것'에 있지 않고 '아이를 야단치는 것'에 있음을 말해 준다.

잔소리를 하고 욕을 하고 결국 매질을 하는 것은 상황을 개선하는 데 아무런 도움이 되지 않는다. 개인적으로 체벌은 아무런 도움이 되지 않는다고 생각한다. 정말 상황을 바꿀 생각이 있는 부모라면 잔소리와 욕, 체벌을 선택하기 전에 다른 방법을 생각해 낼 수 있을 것이다. 잔소리와 욕과 체벌을 이어가는 힘은 아이를 향한 사랑도, 교육에 대한 의지도 아니다. 거기에는 부모의 감춰진 열등감만 있을 뿐이다.

우는 아이에게 집을 나가라고 소리 지르고, 매달리는 아이를 기어이 끌고 밖으로 내모는 부모, 그런 부모가 결국 아이의 가출을 장려(?)하는 부모다. 아이는 제 발로 스스로 집을 나갈 생각을 하지 못했는데 부모가 그것을 친절하게 가르쳐 준 셈이나 마찬가지기 때문이다.

지속적으로 "너 같은 애는 필요 없어. 이 집에서 나가."라는 언어폭력에 시달린 아이는 반드시 부모의 뜻대로 집을 나가게 되어 있다. 아이의 가출에는 부모의 오래된 언어폭력이 원인인 경우가 많다.

잔소리가 심한 부모는 열이면 열 자신도 잔소리가 심한 부모 밑에서 자랐다. 앞에서도 밝혔지만 맞아 본 사람이 때릴 줄도 아는 법이다. 20년이 넘도록 부모의 잔소리로 언어폭력에 시달린 사람이 결국 똑같이 자식에게 언어폭력을 선사하기 마련이다. 세상에는 많은 것들이 대물림되지만 그 중 가장 심한 것이 바로 폭력성이다.

부모가 해야 할 일은 무엇일까?

1. 아이가 크게 잘못했고 그래서 화가 난다면 그 순간에 아이를 끌어안아라.

아이를 끌어안고 있으면 아이에게 언어나 신체적 폭력을 행사할 수 없다. 아이를 야단쳐야 할 상황이 생기면 적당히 거리감을 두고 말을 하는 것도 좋은 방법이다. 아이에게 바로 닿지 않은 거리에서 손을 호주머니에 넣는 등 행동에 어느 정도 제약을 두면 자신도 모르게 아이를 때리는 행동을 막는 데 도움이 된다.

2. 아이에게 시간을 줘라.

아이의 행동은 한 번 만에 수정되지 않는다. 그러니까 이번 기회에 아이의 버릇을 고치겠다는 생각을 하지 마라. 지금 아이를 때리거나 크게 야단친다고 아이가 바뀌는 것이 아니다. 아이는 시간을 두고 천천히 변화시켜 나가야 한다.

3. 자신이 하는 잔소리가 그저 자신의 화풀이, 분풀이, 열등감의 표출일 뿐이라는 것을 인식하고 인정한다.

아이를 위하는 말이라며 자신을 속이지 말자. 무엇보다 잔소리는 아이의 권리를 침해하고 자율성을 박탈하는 행동이라는 것을 기억해야 한다.

4. 한번 내뱉은 말은 주워 담을 수 없다는 것을 늘 마음에 새긴다.
한번 말을 내뱉고 한 대 때리고 난 뒤에는 자신 안에 있는 열등감이 한꺼번에 올라와 사태를 걷잡을 수 없게 되기도 한다.

5. 이미 언어폭력, 신체폭력을 행사하고 있는 부모라면 자신의 상처를 드러내야 한다.
아버지에게 맞고 엄마에게 언어폭력을 당한 것을 기억하고 인정해야 한다. 아이를 때리면서 그것을 재현하지 말고 그 전에 밖으로 드러내야 한다.

6. 부부관계에서 말로 제압하고 이기려는 습관을 버리도록 한다.
자신의 무능력이나 열등감을 우월감이나 자신감으로 표출하기 위해서는 현실적인 환경으로 뒷받침되어야 하는데 그렇게 되지 않을 경우 자신을 과시할 수 있는 1차적 방법이 '말'이다.

7. 아이의 상태를 파악하라.
아이의 행동은 '회피 - 소심 - 정상 - 약간 과격 - 행동 수정 - 격리'

로 나눌 수 있다. 폭력적인 아이는 처음에는 '약간 과격'한 모습을 보이다 점차 '행동 수정'이 필요한 단계로 이어진다. 아이가 지금 어느 단계에 속해 있는지 파악하고 이미 '행동 수정' 단계라면 전문가의 도움을 받도록 하자.

생각해 보기

- 부부가 대화를 할 때 평상시 누구의 목소리가 더 큰가?
- 보통 어떤 순간에 소리를 지르거나 잔소리를 하는가?
- 일주일에 고성이나 욕설은 얼마나 자주하는가?
- 부모가 소리를 질렀을 때 아이의 반응은 어떤가?
- 부모가 잔소리를 할 때 아이의 반응은 어떤가?
- 아이도 부모처럼 소리를 지르는가? 그렇다면 얼마나 자주하는가?
- 아이가 부모에게 소리를 지를 때 부모는 어떻게 대처하는가?

05
엄마 없이는 아무것도 못하는 아이

꽤 오랜 세월 알고 지내 온 부부가 있다. 이들 부부에게는 외동아들이 있는데 이 아이가 요즘 흔히 말하는 '엄친아'에 속한다. 어릴 때부터 모범생을 고수해 온 데다 큰 키에 잘생긴 얼굴까지 갖추고 있었다.

커 가면서도 늘 "우리 아들은 속 썩이는 일이 없어요."라는 소리만 들었던 것 같은데 역시나 좋은 대학을 나와 남들이 부러워하는 직장에 취직하더니 어느새 결혼한다고 청첩장이 날라들었다.

그런데 결혼식에 참석했다가 한 가지 희한한 점을 발견했다. 신랑 측 친구가 몇 명밖에 보이지 않는 것이다. 20대 후반이면 친구들과의 교류가 활발할 텐데 결혼식에 찾아온 친구가 몇 명밖에 없어서, 온통 신부 친구인 여자들 속에 둘러싸여 사진을 찍어야 했다.

특이한 모습이라고 생각하고 지나갔는데 몇 달 뒤에 그 부부가 이혼을 했다는 소식이 들려왔다. 결혼 3개월 만에 별거에 들어갔다가 결국 이혼 도장을 찍었다는 것이었다. 그런데 이혼 소식을 듣자마자 결혼식 날 신랑 곁에 몇 명밖에 되지 않던 친구들의 모습이 가장 먼저 떠올랐다. 문득 그 아들에게 문제가 있을지도 모른다는 생각이 들었다. 그리고 또 몇 달 후, 이혼 당사자인 아들을 만날 수 있었다. 이혼으로 인해 괴로운 심경을 상담하기 위해 찾아왔는데, 덕분에 이혼 사유와 숨겨진 집안의 내막까지 자세히 알게 되었다.

이혼 사유는 '고부간의 갈등'이었다. 그런데 보통은 고부간의 갈등 때문에 이혼이라는 극단적 결정을 내리지 않는다. 아내로 하여금 이혼을 결심하게 만드는 사람은 시어머니가 아니라 남편이다. 시어머니로부터 문제가 시작되었다 하더라도 결론적으로 남편에게서 희망을 발견할 수 없을 때 아내는 이혼을 결정하는 것이다. 이 부부 역시 마찬가지였다. 아들은 본인의 입으로 고부간의 갈등이 문제의 핵심이라고 말했지만 사실 더 큰 문제는 아들이 심각한 '마마보이'라는 것이었다.

아들은 작은 일 하나에도 엄마에게 의견을 물어야 하고 허락을 받아야 했고 엄마 역시 아들을 정신적으로 독립시키지 못하고 끊임없이 간섭하고 개입하려 했다. 몸은 둘이서 살고 있지만 마음으로는 셋이서 함께 사는 것과 마찬가지였다. 결국 아내는 그렇게 엄마가 좋으면 다시 엄마에게로 돌아가라며 이혼을 요구했는데, 기가 막힌 건 이혼 도장을 찍는 그 순간까지도 엄마가 도장을 들고 나타났다는 것이다.

아이의 자존감은 부모의 행동에 의해 결정된다

"우리 아이는 속 썩이는 일이 없어요."라고 자랑하는 부모가 많다. 필자는 이런 부모의 자랑을 믿지 않는다. 그 자랑 속에는 부모의 허락 없이는 아무것도 할 줄 모르는, 지나치게 복종적인 아이가 숨어 있을지도 모르기 때문이다.

그리고 '속 썩이지 않는 아이'를 둔 부모 중에는 아이의 모든 것에 간섭하고 아이를 지배하려는 부모가 적지 않다.

온종일 아이를 따라다니면서 할 일을 지시하고 심지어 "과자는 몇 개만 먹어. 물 마시고 먹어. 물 마셨으면 손 닦아." 하는 식으로 아이의 모든 행동을 장악하는 부모다. 이런 부모 밑에서 자라는 아이는 자기 마음대로는 아무것도 결정할 수 없다. 당연히 자존감이 형성될 수가 없다. 그래서 부모의 눈에는 더없이 착하고 순종적으로 보이는 아이가 사실은 무언가를 결정하고 책임지는 의지 자체가 없는, 심각하게 무기력한 아이일 수도 있다.

삶을 살아가는 데 있어 매우 중요한 감정인 자존감은 어린 시절부터 조금씩 배우게 되는 자율성과 주도성에 의해 만들어진다. 아이에게 자율성과 주도성을 가르쳐 주는 역할을 누가 하겠는가? 당연히 부모다. 간단하게 부모의 "네가 한번 해 봐." 같은 한마디를 통해서도 아이는 자율성과 그 일에 대한 주도감을 경험할 수 있다. 그런데 매번 "너는 잘 못하니까 엄마가 대신 해 줄게."라며 부모가 아이의 역할을 대신 한다면 아이는 자율성과 주도감을 경험할 수 있는 기회를 빼앗기게 된다.

서양에서는 아이가 10대가 되면 자기 용돈을 스스로 벌어서 쓰고 어느 대학을 갈 것인지, 인생을 어떻게 살아갈 것인지도 스스로 결정한다. 그리고 스무 살이 되면 자연스럽게 부모의 곁을 떠나 독립된 인생을 살아나간다.

그런데 한국에서는 거의 불가능하다. 결혼을 통해 눈에 보이는 독립은 하지만 이것도 완전한 독립은 아니다. 결혼하는 과정에서 이미 부모의 도움을 받아 경제적으로 의존하는 관계가 맺어지고, 그러니 당연히 살아가는 내내 앞에서 소개한 아들의 경우처럼 집안의 중요한 문제는 모두 부모가 결정하는 상황으로 돌아가게 된다.

결혼하고도 이러니 스무 살 이전에 본인이 알아서 학비를 벌고 진로를 결정하는 것은 상상도 못할 일이다. 어느 학원을 갈 것인지, 무슨 과목의 과외를 받을 것인지도 모두 부모가 정해 줘야 하는 몫이다.

아이가 결정을 못 하니까 부모가 도와줄 수밖에 없다고 변명하는 부모들이 많을 것이다. 그런데 냉정하게 따져 보면 아이가 결정을 못하는 것은 스스로 결정을 해본 적이 없고, 결정할 수 있는 기회가 올 때마다 부모가 그것을 빼앗아갔기 때문이다.

아이에 관한 모든 것을 부모가 결정하고 그 책임도 부모가 져야 하고, 이런 관계가 아이가 대학을 졸업하고 성인이 된 뒤에도 끝없이 계속되어야 한다고 생각하는 부모는 아주 심각한 상태에 속한다.

사람은 살아가면서 '환경적 지지대'라는 것을 필요로 하는데, 환경적 지지대란 이를테면 나무에 대는 부목 같은 것이다. 어린 나무는 부목으로 지탱해야 비바람에 쓰러지지 않고 뿌리를 뻗을 수 있다. 이 부목은 나무가 자라기 시작하면 크기에 맞춰 하나씩 철수를 하기 마련이다. 물론 튼튼히 뿌리를 내린 다음에는 부목은 전혀 필요가 없다.

초등학교, 중학교까지는 부모가 부목의 역할을 맡아야 한다. 그런데 아이가 고등학생이 되면 부모가 잡고 있던 부목은 일정 부분 제거해도 괜찮다. 아니, 제거되어야 한다. 부모 대신 교사와 친구라는 부목이 있기 때문에 부족한 힘은 거기서 대신할 수 있다.

대학에 가면 교사의 부목도 사라지고 친구만 남는다. 그리고 결혼을 하면 배우자라는 부목이 마지막 부목으로 힘을 더해 준다.

이렇게 살아가면서 각각의 단계마다 필요한 부목이 있고 하나의 단계를 넘어가면 어떤 것들은 자연스럽게 제거되어야 한다. 이것이 인생의 이치다. 그런데 대학에 들어간 뒤에도, 그리고 결혼을 한 뒤에도 부모의 부목이 사라지지 않은 채 버티고 있으면 그 아이는 제대로 살아갈 수 없다.

고도가 낮아지는데도 낙하산을 끊어 주지 않으면 오히려 위험해지는 것처럼 부모와 자식의 관계에서도 다 큰 자식을 끊어 내지 못하면 오히려 자식이 위험해진다. 어른으로 성장하지 못하고 자기의 가정을 제대로 꾸려가지도 못하는 것이다.

그럼에도 불구하고 많은 부모가 그것을 못 해내고 있다. 부목을 치우지 못하고 낙하산을 끊어 버리지 못하는 이유를 물으면 열이면 열 이렇게 대답할 것이다.

"걔는 내가 없으면 안 돼요."

자기가 없으면 아무것도 못한다고 걱정하는 부모의 내면에는 사실 아이가 부모에게 순종하고 부모의 도움을 절대적으로 필요로 하는 것에 대한 은밀한 기쁨이 도사리고 있다.

식당에서 아이의 자율성을 막는 부모의 모습

서양의 레스토랑에서 식사하러 온 가족을 보면, 부모는 대개 메뉴판을 아이에게 보여주면서 "뭘 먹겠니?"라고 물어보고 스스로 결정하게 만든다. 그런데 우리나라에서는 부모가 메뉴판을 보면서 "너는 이것 먹어." 하고 결정해 주는 모습이 더 흔하다. 아이가 메뉴를 선택할 수 있는 기회를 아예 차단하는 것이다.

물론 아이에게 메뉴를 선택하게 하는 부모도 있다. 그런데 아이가 고른 메뉴가 맛이 없을 경우 서양에서는 "맛이 없어도 네가 선택했으니까 끝까지 먹어."라고 말한다. 그런데 우리나라에서 이렇게 대응하는 부모는 거의 없다. 아이가 고른 메뉴가 맛이 없으면 그것은 무조건 엄마 차지다. "부모가 이거 먹을 테니까 너는 엄마 음식을 먹어."가 되는 것이다.

부모니까 당연히 아이를 위해 희생해야 한다고 생각하겠지만 그 순간 아이가 느끼고 배우게 되는 감정은 자기가 잘못된 선택을 하더라도 그 결과는 부모가 책임지면 그만이라는 것이다. 별 것 아닌 것 같지만 이런 작은 경험들이 쌓이면서 아이 개개인의 책임감이 결정된다. 사고 친 뒷수습만 하며 평생 자식 뒷바라지에 고생하는 부모가 되지 않으려면 어렸을 때부터 스스로 책임지는 자세를 가르쳐야 한다.

물론 이런 조언이 무색하게 아이가 메뉴판을 들기만 해도 "네가 봐서 뭐해." 하며 메뉴판을 뺏는 부모도 적지 않겠지만 말이다.

이런 이중적인 감정의 실체는 열등감이다. 말로는 아이를 위한다고 하지만 사실은 부모가 아이를 떠나지 못해 아이에게 집착하는 것이다. 이런 부모는 아이가 자라서 자신을 떠날까 봐 늘 두려워하고 아이가 독립하지 못하도록 끝없이 아이를 옭아매려 한다.

부모의 열등감이 혼자 아무것도 못하는 아이를 만든다

결혼 석 달 만에 별거에 들어간 '엄친아'의 경우도 마찬가지였다. 아들이 극단적인 마마보이로 성장할 수밖에 없었던 이유는 당연한 말이지만 부모에게 있었다.

남들이 보기에는 부러울 것 없는 상류층 가정이었던 이 집안에도 알고 보니 적잖은 문제가 곪아 있었다. 가난한 집안에서 자수성가한 아버지는 월급 통장을 움켜쥐고 어머니에게 경제력을 절대 나눠 주지 않았다고 한다. 부부 관계가 좋을 리 없었다. 자신을 인정하지도 존중하지도 않는 남편에게 일찌감치 실망한 어머니는 아들이 태어나자 자신의 삶을 아이에게 올인했다.

아들의 고백을 들어 보니 고등학생이 된 뒤에도 친구와의 약속 하나하나까지 모두 보고하고 허락을 받아야 했고 간혹 약속을 못 지키게 되면 엄마가 대신 전화를 걸었다고 한다. 이러니 친구관계가 제대로 이어질 수 없었던 모양이다.

남편으로부터 사랑받고 인정받지 못하는 열등감을 아들을 통해 회복하려 한 엄마가 아들을 쉽게 놓아 줄 리가 없었다. 이런 유형의 엄마는 훗날 자녀가 뒤늦게나마 자존감을 되찾고 독립을 시도하려 하면, 그것을 인정하지 못하고 감정적으로 대응한다.

이 아들의 경우에는 너무 심각하게 엄마에게 예속된 바람에 독립하려는 의지 자체가 없었기에 이혼이라는 극단적인 상황으로 치닫고 말았다. 하지만 마마보이 중에도 결혼한 이상 이제 자신의 부목은 엄마가 아니라 아내여야 한다는 것을 깨닫는 아들도 있기 마련이다.

엄마와 의절을 하는 고통을 겪더라도 부목을 떼어 내려고 하면 끝까지 아들을 놓지 않으려는 엄마도 있다. 때론 자살 기도까지 하며 아들을 붙잡아 두려는 엄마도 있다.

죽음을 불사하는 이유는 당연히 아들이 없으면 자기의 삶도 없기 때문이다. 그런 엄마에게 아들은 남편이자 종교다. 아무리 사회적으로 성공하고 부와 명예를 거머쥐고 있는 사람이라 할지라도 이렇게 성인이 된 자식과 거리 두기를 하지 못한다면 그 삶은 열등감으로 가득 찬 삶에 불과하다.

부모가 해야 할 일은 무엇일까?

1. 부부간의 관계부터 점검해 본다.

부부 관계가 서로에게 회피적이냐, 의존적이냐, 저항적이냐에 따라 아이 역시 다른 사람과의 관계를 부모와 비슷한 형식으로 맺게 된다.

2. 아이를 통해 열등감을 드러내고 있다는 것을 인정한다.

엄마 없이는 아무것도 못하는 아이의 뒤에는, 아이 없이는 아무것도 못하는 엄마가 있다는 것을 인정해야 한다.

3. 자기 인생의 주인은 결국 자신이라는 것을 받아들인다.

남편이 없어서 아들에게 집착하는 엄마는 자기 인생을 찾도록 노력해야 하고, 남편과의 관계 악화로 아들에게 집착하는 엄마는 관계를 회복시키기 위해 노력해야 한다.

4. 아이의 인생이 행복하기를 바란다면 평등한 부부가 되자.

평등한 부부 사이에서 자라난 아이는 사람과 사람의 관계가 지시와 복종으로만 이뤄지지 않는다는 것과 자존감을 자연스럽게 배운다.

생각해 보기

- 남편과 아내의 관계에서 회피하는 사람은 누구인가? 관계에 의존적인 사람은 누구인가? 관계에 저항하는 사람은 누구인가?
- 아이가 스스로 할 일을 잘해내고 있는가?
- 아이는 엄마에게 의존하는가, 아빠에게 의존하는가?

06 감정 조절 못 하고 과잉행동하는 아이

"우리는 아이를 굉장히 자유롭게 키우는 편인데요. 그래서 그런지 아이가 너무 버릇이 없고 감정 조절을 못 해요. 기분이 좋으면 정신없이 까불고 장난을 치면서 주위 사람을 못살게 굴고 제 기분이 안 좋으면 바닥에 누워서 떼를 쓰면서 울어 대요."

최근 들어 과잉행동 때문에 상담을 요청하는 부모가 늘어나고 있다. 과잉행동은 산만함과 비슷하게 이해되고 있지만 실은 엄연히 다른 문제다. 산만함은 한 가지에 집중하지 못해 분주한 모습을 보이는 것이고 과잉행동은 자기 감정을 통제하지 못해 과잉된 모습을 보이는 것이다. 산만한 아이는 적당한 통제가 가능하지만 과잉행동은 제압하는 것도 쉽지 않다.

한 가지 재미있는 것은 상담을 요청하는 부모는 하나같이 아이의 과잉행동의 원인이 '자유로운 집안 분위기'에 있다고 생각한다는 점이다.

단순하게 생각하면 자유로운 집에서 키운 아이일수록 행동이 자유로울 수밖에 없고, 그 때문에 과잉행동을 할 수도 있겠다 싶을 것이다. 그러나 정확히 말하면 자유로운 집안 분위기와 아이의 과잉행동은 전혀 상관이 없다. 오히려 엄하게 키운다고 키웠는데 밖에서는 과잉행동을 하는 아이가 더 많을 것이다.

아이는 부모로부터 감정을 표현하는 방법을 배운다

문제는 부모가 엄격하게 대했느냐 느슨하게 대했느냐에 따라 나타나는 것이 아니다. 중요한 것은 부모가 얼마나 아이를 진실하게 대했느냐 아니냐의 차이다.

그렇다면 아이의 과잉행동은 어떻게 형성되는 것일까? 아이가 장난을 치다가 엄마가 매우 아끼는 향수병을 깼다고 치자. 당연히 엄마는 화가 머리끝까지 치밀어 오르고, 아이는 순간 잘못했다는 것을 깨닫고 얼굴이 새파래질 것이다. 그런데 엄마가 아이에게 "놀다 보면 그럴 수도 있지 뭐."라고 말한다면 아이는 금세 안심한다. 그런데 엄마가 말은 괜찮다고 해놓고 실제로는 아이에게 계속 짜증을 내고 신경질을 부린다면 어떻게 될까? 향수병에 관해서는 아무 말도 하지 않으면서 장난감을 어질러 놓은 것을 보고 갑자기 화를 내면서 야단을 치면 아이는 어떤 감정을 가지게 될까? 분명 조금 전까지만 해도 아무 문제가 되지 않았던 장난감인데 말이다.

정작 화가 난 부분에 대해서는 솔직히 말해 주지 않으면서 상관없는 문제를 물고 늘어지면서 화를 내는 부모가 너무나 많다. 이것은 명백히 부모가 자기의 감정을 조절하는 데 실패했기 때문에 일어나는 문제다. 이성적으로는 화를 내서는 안 된다고 생각해 "아니다."라고 했지만 감정적으로 치미는 화를 억누르지 못해 결국 다른 곳에서 감정을 분출하는 셈이다.

문제는 부모의 이런 행동이 아이에게 미치는 영향이 매우 크다는 것이다. 처음부터 "네가 향수병을 깨서 엄마가 화가 났어."라고 말한다면 아이는 그 뒤에 어떤 상황이 이어져도 그것을 감내할 수 있다. 왜 화를 내는지 알기 때문이다.

그런데 괜찮다고 말해 놓고 엄마의 짜증과 분노가 폭발하면 아이는 당황할 수밖에 없다. 이런 모습을 자주 접하게 되면 아이는 감정을 표현하는 방법을 잘못 배우게 된다.

일관성 없는 감정 표현은 엄마의 기분이 좋은 상태라 하더라도 마찬가지로 아이에게 해롭다. 예를 들어 아이가 "엄마, 나 숙제 다 했으니까 1시간만 게임해도 돼요?"라고 말했을 때 엄마가 매우 기분이 좋은 상태라서 평소 같으면 허락하지 않을 것을 "그래." 하고 기분 좋게 허락한다면 이것도 아이에게는 혼란을 준다. 분명 다음날 엄마의 기분이 평소와 같거나 더 나빠져 있는 상태라면 똑같은 질문을 했을 때 허락은커녕 야단만 맞을 것이 뻔하기 때문이다.

기분에 따라 부모의 행동이 계속 달라지면 아이는 시간이 지날수록 부모의 눈치를 보게 된다. 엄마, 아빠가 언제 기분이 좋은지 나쁜지를 살펴 거기에 맞춰 행동을 하는 경우이다.

상담을 받으러 온 엄마 중 과잉행동을 하는 아이가 갈수록 버릇이 나빠지더니 급기야 아빠 지갑에까지 손을 댄다고 하소연을 한 경우가 있었다. 그런데 이야기를 들어 보니 아빠가 술에 취하면 기분이 좋아져 아이에게 돈을 준다는 것이다. 가끔은 술에 취한 상태에서 아이에게 "아빠 지갑에서 돈 꺼내 가." 하고 말한 적도 있었다는 것이다.

아빠가 그렇게 말했으니 아이는 아빠 지갑에 손을 대도 별 문제가 없다고 생각할 수밖에 없다. 그때는 괜찮았는데 이번에는 하루아침에 아빠 지갑에 손대는 나쁜 아이로 전락하고 말았다. 결국 아이를 도둑으로 만든 것은 일관성 없는 부모의 행동이었다.

과잉행동을 하는 아이 대부분은 고집이 세다. 백화점에서 자신이 원하는 장난감을 사 주지 않으면 바로 바닥에 누워 울면서 떼를 쓰기도 한다. 물론 아이를 이렇게 만든 것도 부모다. 아이가 떼를 쓸 수 있는 것은, 집에서는 절대 통하지 않는 행동이라도 남의 눈이 많은 백화점이라면 통할 것이라는 계산을 하기 때문이다. 그런 계산이 가능하다는 것은 결국 부모가 장소나 상황에 따라 아이 앞에서 이중적인 모습을 보였다는 것을 의미한다.

이렇게 상황에 따라 다르게 행동하는 것을 배운 아이는 학교에 가서도 선생님 또는 친구들과 거래를 한다. 선생님의 기분이 좋아 보이면 까불고 선생님의 기분이 나빠 보이면 얌전히 있는 것이다. 물론 어른이 된 뒤에도 직장에서 사람들의 눈치를 보며 자기보다 약한 사람은 이용하고, 강한 사람에게는 숙이고 들어가는 모습을 보일 가능성이 크다.

부모의 열등감이 아이의 과잉행동을 부른다

부모 상담을 하다 보면 감정이 극단을 오가는 부모를 가끔 만날 때가 있다. 그런 이들은 상담 중에 듣기 좋은 말을 하거나 재미있는 이야기를 하면 박수를 쳐 가면서 웃어 대다 잠시 뒤 냉정하게 문제점을 지적하면 갑자기 화를 낸다. 삿대질까지 하면서 따지는 이도 있다. 그러다 또 갑자기 눈물을 펑펑 쏟으며 어떡하면 되느냐고 매달리는 모습을 보인다. 심한 경우에는 한 편의 모노드라마를 찍는 부모도 있다.

좋으면 정말 좋고, 싫으면 너무 싫은 유형의 부모는 상담자의 입장에서도 난감하지만, 부모로서도 위험한 유형이다. 감정의 기복이 심한 부모 밑에서 자라는 아이는 극심한 혼란과 불안을 느끼게 되기 때문이다.

그런데 이렇게 감정 기복이 심한 부모를 만나 상담해 보면, 본인들 역시 그런 부모 밑에서 자라온 경우가 많았다. 그들 역시 집에 들어가면 부모가 머리를 싸매고 누워 있거나 그렇지 않으면 별 것도 아닌 일로 꼬투리를 잡아 때리고, 그러다가도 이웃사람이 놀러오면 또 언제 그랬냐는 듯 웃고 떠드는 이중적인 감정 표현을 하는 부모를 경험한 탓이다.

30대 이상인 부모의 부모 세대는 모두 전쟁을 경험하고 보릿고개를 지나온 세대들이다. 자녀 교육에 관심을 쏟기는커녕 대부분 매일매일 살아가는 것 자체가 고난의 연속이었다. 하루하루 생업을 통해 받는 스트레스를 고스란히 자식들에게 푸는 이들도 많았다. 지금 부모 세대들 중 부모에게 매 한번 안 맞고 자란 이는 아마 없을 것이다.

물론 지금의 부모는 과거 부모 세대처럼 아이를 심하게 때리며 가르치지는 않는다. 그러나 자기의 감정 상태를 아이에게 들키는 것만큼은 여전히 극복하지 못하고 있다. 대부분의 부모가 자녀들 앞에서 부부 싸움을 하고, 아이 앞에서 크게 화를 내고, 울음을 터뜨리기도 한다. 그리고 그때그때의 기분 상태에 따라 똑같은 일을 가지고 어느 날은 화를 냈다가 어느 날은 묵인하고 넘어간다.

거짓말, 이중적인 행동 역시 열등감의 일종이다. 부모의 솔직하지 못한 행동에 아이는 계속해서 상처를 받게 되고 그것이 결국 타인을 어떻게 대해야 하는지, 이런 상황에서 어떤 행동을 해야 하는지 혼란을 느끼게 만든다. 또 부모의 거짓말하는 행동을 그대로 전달받아 자신의 속마음을 솔직히 드러내기보다는 과잉행동으로 꾸며서 전달하려 한다. 외로운 아이는 남을 웃기려 한다는 말처럼, 실제로는 슬픈데 겉으로는 행복한 척 거짓 웃음을 짓고 두려움을 인정하기 싫어 자기보다 약자를 괴롭히기도 한다. 감정에 덧칠을 하고 행동을 부풀리는 모습들이 모여 결국 과잉행동으로 이어지게 된다.

부모가 해야 할 일은 무엇일까?

1. 부부간의 감정 표현 정도를 체크하라.

남편이 아내에게 자신의 감정 표현을 많이 하는지, 아내가 남편에게 많이 하는지 체크해 본다. 감정을 숨기는 편이라면 왜 숨기는지, 표출하고 싶은 감정이 있다면 어떤 것인지, 감정 때문에 행동에도 제약이 따른다면 어떻게 할 것인지를 솔직하게 적고 서로 터놓는다. 그래프를 그려 가면서 서로의 감정 표현 정도를 객관적으로 알아보는 것이 좋다.

2. 자녀와의 감정 표현 정도를 체크한다.

보통 부부간에 감정 표현이 제대로 이뤄지지 않으면 아이와의 관계에서도 마찬가지이다. 아이를 대할 때의 감정 기복이 얼마나 심한지 객관적으로 적어 본다. 예를 들어 아침에는 기분이 좋아서 아이에게 학교 잘 다녀오라고 용돈까지 주면서 저녁이 되면 기분이 나빠져 괜히 아이에게 트집을 잡는 일은 없는지 파악해 본다. 본인의 감정이 특별하게 가라앉는 때가 있는데 그때 아이에게 그것을 표현하지는 않는지 알아본다.

3. 부부간, 자식간에 감정을 표현할 때 긍정적으로 표현하는 언어가 많은지 부정적으로 표현하는 언어가 많은지를 파악해 본다.

〈부부 관계〉
- 긍정적 언어: 예쁘다, 사랑한다, 잘했어
- 부정적 언어: 죽어라, 들어 오지마, 처먹어, 나가 버려, 끔찍해

〈부모와 자식 관계〉
- 긍정적 언어: 예쁘다, 잘했어, 착하다, 멋지다
- 부정적 언어: 못난 놈, 덜떨어진 놈, 얼간이, 바보, 병신

4. 아이 앞에서 말과 행동의 일관성을 지키자.

부모는 아이가 경험하는 최초의 사회이며 거울이라는 것을 잊지 말자. 아이 앞에서 감정적으로 심하게 흔들리지 않도록 노력한다.

5. 솔직해지자.

좋은데 싫다고 하고, 싫은데 좋다고 하는 것부터 고쳐 나가야 한다. 작은 일에도 감정을 숨기거나 왜곡하기보다는 솔직한 생각을 표현한다면, 아이도 자기 감정을 정직하게 드러내는 방법을 배우게 된다.

생각해 보기
- 아이 앞에서 언제 내 말이나 행동이 변하는가?
- 무엇 때문에 내 말이나 행동이 변하는가?
- 자신의 솔직한 감정보다는 남의 이목을 더 신경 쓰는가?
- 참는 것과 거짓말하는 것을 제대로 구분하고 있는가?

2장
열등감 부모는 어떻게 만들어지는가

1장에서는 아이의 문제 행동 뒤에 숨어 있는 부모의 열등감에 대해 알아보았다. 2장에서는 사람의 성격이 어떻게 형성되며 그 과정에서 열등감이 어떻게 만들어지고 삶에 고착화되는지를 소개하려고 한다.

또 부모의 성격이 아이의 성격 형성과 열등감 형성에 구체적으로 스며드는 과정을 상세히 담았다. 유아기 때 부모의 양육 형태가 아이의 성격 형성에 미치는 영향은 어마어마하다. 이때 지나치게 과잉 보호를 하거나 지나치게 방관할 경우 아이의 마음에는 치명적인 열등감이 형성되고 그것이 평생 아이의 성격을 좌우하게 된다.

아버지와 어머니의 양육 태도가 각각 어떻게 구분되어야 하는지도 담았다. 진정한 부모의 역할과 태도에 대해 제대로 공부하고 생각해 볼 수 있는 계기가 될 것이다.

01
부모의 관심과 배려는 아이의 성격 발달에 큰 영향을 미친다

"성격이 참 좋으신 것 같아요."

"성격 이상한 사람 아니에요?"

"성격이 너무 소심해서 문제에요."

우리는 하루에도 수십 번씩 본인 또는 타인의 성격에 관한 이야기를 들으면서 산다. 성격을 때로는 '좋다', '나쁘다'로 판단하고, 때로는 '정상이다', '이상하다'로, 때로는 '소심하다', '대범하다'로 표현하기도 한다. 자신의 성격을 싫어해서 바꾸려고 노력하는 사람이 있는가 하면 또 있는 그대로 인정하고 적극적으로 받아들이는 이도 있다.

인간관계에서 가장 큰 힘을 발휘하는 것도 언제나 성격이며 사람을 판단하는 데 있어 가장 중요한 기준으로 사용되는 것도 성격이다.

사람들이 성격에 관심을 갖는 것은 본질적으로 자신과 주변 인물을 깊이 이해하고자 하는 욕구를 지니고 있기 때문이다. 성격을 알아야 행동을 예측할 수 있고, 때로는 성격을 알아야 상대를 자신이 원하는 방향으로 유도할 수도 있다.

일반적으로 성격은 크게 두 가지로 정의할 수 있다. 첫째는 한 개인이 환경에 적응해 나가는 과정에서 비교적 일관성 있게 나타나는 '개인 특유의 행동 및 사고의 양식'이다.

'성격'을 의미하는 영어의 'personality'는 희랍어의 'persona'에서 유래된 것으로 본래는 고대 그리스 연극에서 배우들이 쓰던 가면을 가리키는 말이다. 배우의 가면은 곧 배우의 캐릭터이며 사회 속에서 한 개인이 취하게 되는 이미지를 말한다.

성격에 대한 두 번째 정의는 남들에게 주는 가장 두드러지고 뚜렷한 '인상'이다. 어떤 사람은 공격적인 인상, 어떤 사람은 온순한 인상을 주는데, 한 사람이 남에게 주는 모든 인상 중에서 가장 중요하다고 생각되는 것이 곧 성격이다.

성격은 개인차가 크기 때문에 꼭 닮은 사람을 찾는 것이 힘들다. 체격과 외모가 각기 다른 것처럼 성격 역시 한 사람 한 사람이 모두 제각각이다.

> **학자들이 말하는 성격**
>
> - 칼 로저스(Carl Rogers) - 우리 모든 경험의 중심이 되는 자아
> - 고든 올포트(Gordon Allport) - 한 개인의 진짜 모습, 그의 활동을 지시하고 이끌어 가는 내부에 있는 그 어떤 것
> - 에릭 에릭슨(Erik Erikson) - 인간은 일생 동안 여러 단계의 심리 사회적 위기를 당면하는데 성격이란 그 결과로서 기능하는 것
> - 조지 켈리(George Kelley) - 개인이 자기의 생활 경험으로부터 스스로 의미를 만들어 가는 자기 나름대로의 독특한 방법
> - 지그문트 프로이트(Sigmund Freud) - 이드(id), 자아(ego), 초자아(super ego)로 구성되어 있는 것

성격은 어떻게 발달하는 것일까?

많은 사람들이 "성격은 타고나는 것이다.", "타고난 성격은 바뀌지 않는다."라고 말하지만 성격은 선천적인 것이라기보다는 후천적인 것에 가깝다. 분명 부모로부터 유전적으로 전달받는 부분도 있지만 대개는 살아가는 과정에서 만들어지는 것이기 때문이다.

심리학자인 알프레드 아들러(Alfred Adler)가 소개한 성격 발달 이론에 의하면, 어린아이는 이 세상에 태어나는 순간부터 부모의 관심과 사랑 속에서 성장하게 되기에, 부모의 관심과 배려는 아이의 성격 발달에 매우 중요한 요소가 된다고 한다. 부모의 관심과 배려 정도에 따라 자신의 삶에 대한 태도나 다른 사람과의 관계 형성이 결정되는 것이다.

예를 들어 부모가 과보호를 할 경우 아이는 자신의 존재가 무능하게 느껴져 부모가 곁에 없으면 큰일 난다고 생각하게 되고 이런 경험이 반복되면서 아이의 성격은 자연스럽게 수동적으로 발달하게 된다.

알프레드 아들러는 아동의 성격은 네다섯 살쯤에 그 바탕이 형성된다고 보았다. 이 단계에서 형성되는 것은 자아 의식, 행동 패턴, 생활 양식에 관한 것이다. 그런데 이러한 것들이 만들어지는 과정이 매우 흥미롭다.

아들러에 따르면 모든 인간은 완전한 상태로 세상에 태어나는 것이 아니기 때문에 저마다 불가피하게 열등감을 갖게 되는데, 이 열등감을 보상하기 위해 생활 목표를 세우고 그 목표를 달성하는 과정에서 자아 의식, 행동 패턴이 생겨나며 생활 양식을 발달시킨다.

결국 열등감이 성격을 형성하는 데 많은 영향을 미치게 되며 이것이 대부분 네다섯 살쯤에 형성되었다가 일생을 통해 본질적인 변화 없이 유지가 된다.

그럼 부모의 '관심과 배려', 다른 의미로는 '가족 구성원과의 관계'가 아이의 성격 발달에 구체적으로 어떤 영향을 미치는지 자세하게 알아보기로 하자.

1. 부모의 양육 방법

부모의 양육 방법이란 부모와 아이의 관계, 부모가 보여주는 태도를 모두 포함하는 말이다.

평소에 칭찬을 많이 하고 벌을 줄 때에는 체벌에 따른 이유를 설명하는 부모 밑에서 자란 자녀들이 대개 높은 자존심과 확고한 자아 정체성 등 긍정적인 성격을 발달시킬 수 있다. 반대로 평소에 부정적이고 적대적인 부모 밑에서 자란 자녀는 신경질적이고 부정적인 성격으로 변한다. 또 지나치게 엄격하고 통제하는 부모는 자녀의 성격을 내성적인 성격으로 발달시키는 것으로 알려져 있다.

2. 부모와 자녀 관계

부모의 유형은 크게 권위주의적(authoritative), 민주주의적(democratic), 자유방임적(permissive)으로 나눌 수 있다.

권위주의적인 부모는 자녀의 견해를 잘 받아들이지 않고 자녀가 스스로 행동하도록 허용하지 않는다.

민주주의적인 부모는 아이가 어떤 문제라도 쉽게 부모와 상의하도록 격려하지만 최종적인 결정은 부모의 허락을 받도록 하는 형으로 권위주의적인 부모보다는 자율적이지만 그렇다고 완전한 자율권을 보장해 주는 것은 아니다.

마지막으로 자유방임적인 부모는 대부분의 결정을 아이 스스로 내리도록 하는 유형이다.

통계에 따르면 민주주의적 부모를 둔 자녀들은 자유방임적 부모를 둔 자녀들보다 훨씬 자신감이 높으며 자신을 통제하는 데에도 우위에 있는 것으로 나타났다. 또 부모의 양육 태도를 좋아하고 그것을 닮고자 하는 마음도 컸다.

　언뜻 생각하기엔 자유방임적 부모야말로 자녀들에게 진정한 독립심을 심어 줄 것 같지만 결과는 그렇지 않았다. 이런 결과는 부모의 생각과 자녀가 부모의 양육 태도를 받아들이는 관점이 다르기 때문이다. 부모가 생각하는 좋은 양육과 실제로 아이가 받아들이는 좋은 양육 사이에는 분명 거리가 있는데 중요한 것은 자녀가 부모로부터 충분히 인정받고 사랑받고 있다고 느낀다. 결국 민주주의적 부모가 그 점에 있어서 가장 큰 점수를 얻은 셈이다.

3. 부모와 형제 관계

　알프레드 아들러는 사람이 기억해 낼 수 있는 가장 어렸을 적의 기억이 그 사람의 기본적인 생활 양식을 이해하는 데 중요한 열쇠가 된다고 주장했다.

　특히 그 중에서도 부모, 형제와의 1차원적인 관계 형성은 성격 형성에 많은 영향력을 행사한다. '1차원적인 관계 형성'에 포함되는 것은 부모의 연령, 직업, 가정 분위기 등 여러 가지가 있다.

　구체적으로는 아버지나 어머니 중 누구를 더 좋아하는지, 형제 중 누구를 가장 많이 닮고 누구와 가장 친하게 지내는지, 어릴 때 누가 돌보아 주었는지 등을 들 수 있다. 이 모든 요소들은 아이에게 친근감, 유머, 비판적인 태도 등 성격을 이루는 여러 가지 것들을 제공한다.

출생 순위에 따른 성격

- **맏이**: 태어난 후 한동안 부모의 전폭적인 관심과 사랑을 받다가 둘째가 태어나면서 그 관심을 빼앗기기 때문에 마음의 상처를 입을 수 있다. 동생과의 경쟁을 통해 원래의 부모 사랑을 되찾겠다고 노력하는 마음이 크기 때문에 맏이는 여러 가지 면에서 모범을 보이는 성향을 갖게 된다. 그런데 이렇게 노력해도 부모의 애정이 둘째로부터 쉽게 옮겨 오지 않으면 시간이 지날수록 여기에 초연해지게 되고 오히려 혼자 생존해 나가는 전략을 습득하게 된다. 그 결과 맏이는 타인과의 관계가 좋고 사회적인 책임을 잘 감당하는 성격으로 성장하게 된다.
- **둘째**: 태어날 때부터 자기 앞에 경쟁 대상자가 있기 때문에 본능적으로 그들을 능가하기 위해 노력을 한다. 둘째가 첫째보다 더 빨리 말하고 걷기 시작하며 꾀도 많은 것은 이 때문이다. 대부분 둘째는 경쟁심이 강해 남에게 지기 싫어하며 고집이 세고 야망이 강한 성격으로 발달하게 된다.
- **중간**: 형들과 반대되는 방향으로 행동하는 경향이 있으며 보다 독립적이고 반항적이다. 또 부모로부터 자신의 위치를 인정받으려는 경향이 강한 데다 형과 동생에게 밀려난 느낌 역시 강해 억울함과 불평을 지니게 된다. 그래서 이기적인 아이로 자라기 쉬운데 대신 일찍 자신의 길을 찾아 나서는 성향이 강해 활동적인 성격으로 발달하게 된다.
- **막내**: 가장 안전한 보호막 속에서 자라게 되는데 가족의 전폭적인 사랑을 받기는 하지만 대신 늘 형들이 쓰던 것을 물려받고 늘 형제들에게 둘러싸여 있기에 열등감을 느끼기도 쉽다. 막내는 어머니와 밀접한 관계를 맺고 자라기 때문에 마마보이가 될 위험도 큰 편이다. 대신 형들보다 창의성이 발달할 가능성도 큰데 이것을 잘 발달시키면 독립적인 삶을 살게 되지만 실패할 경우 부모에게 의존하는 삶을 살게 될 수도

있다. 또 가장 오래 부모의 사랑을 독차지하기 때문에 분리불안이 심해 이기적인 성격으로 발달할 위험도 크다.
- **외동이**: 외동이는 맏이와 비슷한 성격적 특징을 보이며 자칫 잘못하면 철저한 이기주의로 성격이 발달할 가능성도 크다. 대개는 타인에게 의존하지 않고 독립적인 성격으로 발달한다.

4. 출생 순위와 동기 관계

아들러는 가족자리(family constellation)도 매우 중요하다고 주장한다. 가족자리란 가족 집단의 사회 심리적인 형태를 그리는 데 사용되는 용어로 식구들 성격 유형, 정서적 거리, 나이 차이, 출생 순위, 상호 지배 및 복종 관계, 가족의 크기 등이 가족자리를 결정하는 요소가 된다. 개인의 행동 유형은 이 가족자리에서의 위치를 검토해 보면 알 수 있다.

특히 출생 순위가 성격 발달에 미치는 영향은 매우 크다. 우리 속담에 '형만 한 아우가 없다.'며 출생 순위에 따라 개인의 능력을 평가하는 것처럼 말이다.

성격은 고칠 수 없는 것일까?

대부분 자기의 성격을 구체적으로 깨닫게 되는 시기는 성인이 된 후다. 어린 시절에 성격의 본바탕이 형성된다고는 하지만 사실 성인이 되기까지는 어디까지나 성격이 발달하는 과정 중에 있다. 그러므로 성인이 되기 전에는 구체적으로 '나는 이런 성격이다.'라고 알아차리기도 힘들다.

성인이 되고 자기의 성격을 찬찬히 들여다보게 되면서, 또 다른 사람들의 입을 통해 '너는 이런 성격이야.'라는 정보를 듣게 되면서 사람들은 객관적으로 자기의 성격을 알게 된다. 좋은 성격이라면 다행이겠지만 자신이 전혀 원하지 않는 성격이 이미 만들어진 뒤라면 여간 불행한 일이 아니다.

늘 화통하고 시원시원한 성격을 꿈꿔 왔고 또 그런 성격이라고 믿어 왔는데 막상 어른이 되어 들여다본 자신의 성격이 꽉 막히고 내성적이라면 어떻겠는가? 이러한 성격 때문에 사회생활도 꼬이고 인간관계도 엉망이라면? 삶이 총체적으로 불행하다면 어떻게 해야 할까?

부정적인 성격, 더 나아가서 이상 성격이라고도 부를 수 있는 성격을 가진 사람들은 현대 사회에서 타인과 깊은 관계를 맺고 행복하게 살아가는 것이 힘들다.

그들은 사람을 깊이 사귀지 못하고 어떤 단체나 모임에서도 겉도는 행동을 보인다. 누군가가 마음을 열고 먼저 다가오면 의심과 불안의 눈초리로 경계하고 상대방의 모습을 함부로 해석하며 편협하고 왜곡된 이미지로 상상하기도 한다.

철저하게 자기중심적이면서 방어적이고, 자기를 감추고 드러내지 않으면서 상대방에 대해서는 모든 것을 알고 싶어 하기도 한다. 또 좀처럼 주변 사람을 믿으려 하지 않고 새로운 관계를 형성하는 것을 힘들어

하며, 때로는 몇 번의 만남만으로 상대방을 쉽게 판단하고 돌아서기도 한다.

문제는 내가 돌아서는 것이 아니다. 대개는 상대방이 먼저 나의 문제 성격을 발견하고 돌아서는 것이 문제다. 그런 경험들이 반복되면 스스로 타인과의 관계를 기대하지 않게 되고 가족에 대한 애정까지도 포기하게 된다.

성격 때문에 고통을 받는 이들은 하나같이 이렇게 말한다. "성격을 고칠 수 있을까요?" 얼굴을 성형수술 하듯 성격도 고칠 수 있다면 바로 고치고 싶다는 것이다.

물론 충분히 가능한 일이다. 다만 성격을 고치는 일은 치아 교정과 비슷해서, 빨리 하면 할수록 좋다. 여기서 강조하고 싶은 이야기도 '시기성'에 관한 것이다.

치아 구조가 특이한 아이가 두 명 있다고 치자. 한 아이는 치아의 문제를 발견한 직후 바로 전문 병원을 찾아가 치아 교정을 했고 한 아이는 사실을 알면서도 그대로 두었다. 당장은 큰 차이가 없을지 몰라도 시간이 지나면 두 아이는 큰 차이를 보이게 된다. 교정을 받지 않은 아이는 성인이 되었을 때 치아 때문에 얼굴 형태까지 변형될 수 있다.

물론 어른이 되어 교정을 시도할 수도 있지만 어른이 된 뒤의 교정은 어린 시절에 한 교정만큼의 효과를 보기 힘들다. 이미 얼굴의 형태가 어느 정도 자리 잡혀 버렸기 때문이다. 물론 감내해야 할 고통도 훨씬 더 크다.

성격도 마찬가지다. 문제점을 깨달았을 때 부모가 한시라도 빨리 아이의 성격을 교정해 주면 아이는 그만큼 더 빨리 행복한 삶을 시작할 수 있다. 그런데 문제점을 알면서도 그대로 방치하면 아이는 불행한 삶을 그만큼 더 오래 살아야 한다. 성인이 된 다음 손을 쓰려고 하면 그때는 이미 많은 것들을 잃고 난 뒤가 될 것이고 어릴 적에 교정했을 때와는 비교도 안 될 정도로 낮은 효과를 간신히 얻게 될지 모른다.

다시 한 번 말하지만 성격은 고칠 수 있다. 하지만 한시라도 빨리 고쳐야 하고, 고치기 위해서는 무엇이 문제인지를 먼저 알아야 한다.

02 열등감 이해하기

아이가 수줍음을 타는 것 때문에 고민하는 부모를 종종 만난다.

수줍은 아이는 소심하고 작은 일에 쉽게 놀라며, 누가 조금만 놀려도 얼굴이 붉어지고 평소에는 매우 과묵하다. 당연히 대인관계가 활발하지 않고 활동도 적다. 이런 성향을 가지고 있는 경우 힘든 상황이 닥치면 쉽게 움츠러들 뿐더러 자신감이 없기 때문에 새로운 상황을 맞는 것 자체를 싫어한다.

이러니 부모가 고민할 수밖에 없다. 누가 보기에도 심하게 겁을 내거나 수줍음을 느끼는 사람에게 사람들은 너무나 쉽게 "그 사람은 열등감이 있어." 또는 "그 사람은 열등감이 심한 사람이야."라고 말한다. 아이에게 "너는 왜 그렇게 열등감이 심하니?"라고 책망하는 부모도 적지 않다. 수줍음이 자신감 없음으로 연결되고, 그것이 곧 '열등감 있는 사람'으로 단정되는 것이다.

게다가 아무리 잘난 사람도, 누군가로부터 "너 열등감이 있구나." 하는 지적을 받게 되면 한 순간에 부끄럽거나 비참한 기분을 숨기지 못한다. 인간의 감정 중에서 열등감만큼 사람을 한순간에 단정 지어 버리는 것도 아마 없을 것이다.

그런데 엄밀히 말하면 열등감은 좋은 것도, 나쁜 것도 아니다. 열등감은 자아 개념의 일부일 뿐이다. 자아 개념은 성장하면서 외부 세계와 관계를 맺고 자기가 누구인지 알고 평가하면서 가지게 되는 자신에 대한 이미지를 뜻한다. 좀 더 정확하게 표현하면 사람이 태어난 직후 처음으로 가지게 되는 열등감은 나쁜 것이 아니다.

아들러는 『인간 본성의 이해(Understanding Human Nature)』라는 책을 통해 인간이 유아기부터 갖게 되는 열등감은 열등한 신체, 열악한 사회 환경, 경제적 궁핍, 무시와 모욕감에서 비롯되었으며, 이를 극복하려는 노력이 바로 열등감에 대한 보상이라고 말했다.

그리고 인간은 이러한 유아기의 열등감을 극복하려는 노력을 통해 성격이 형성된다고 말했다. 즉 열등감은 부족한 것을 채우려는 동기가 되고 연료가 되기 때문에, 열등감을 보상하려는 노력을 잘 이용하면 오히려 성공과 발전을 이룰 수도 있는 것이다. 실제로 성장기에 겪게 되는 열등감을 지혜롭게 극복해서 오히려 멋진 사람으로 도약한 이들이 적지 않다.

그런데 이 열등감을 극복하지 못할 경우, 열등감으로 인해 스스로를 파괴할 뿐만 아니라 가족과 친구, 또는 한 사회를 파괴할 수도 있다.

외형적으로는 훌륭한 모습을 가지고 한 집안의 가장일뿐만 아니라 한 기업의 CEO(최고경영자), 정치가, 성직자, 의사, 교수, 법조인 등 전문직 종사자로서 왕성한 활동을 펼치고 있지만, 자기 속에 숨어 있는 열등감을 해결하지 못해 본인과 주변인들에게 고통을 주는 이들 역시 적지 않다.

열등감은 한 사람의 개인에서부터 한 나라의 흥망성쇠를 좌우할 만큼 중요하다. 그동안 상담을 하면서 남편의 열등감 때문에 아내가 남모르는 눈물과 고통을 호소하고, 부모의 열등감 때문에 자녀들이 암담한 인생을 살아가는 모습을 수없이 목격했다.

기업의 CEO나 직장 상사의 열등감 때문에 동료들이 피해 아닌 피해를 입게 되고, 교사나 교수의 지나친 열등감 때문에 학생들이 분풀이의 대상이 되거나, 성직자의 열등감 때문에 성도들이 그 모든 열등감을 수용해야 하는 아픔을 겪기도 한다.

경찰이나 재판관의 열등감 때문에 형평에 어긋난 과도한 처벌로 국민이 고통을 당하거나, 열등감에 사로잡힌 정치인의 분풀이에 온 국민이 스트레스에 빠져 살거나, 열등감에 사로잡힌 대통령에 의해 국민의식이 뒤바뀌는 역사적 비극 역시 충분히 일어날 수 있다.

열등감은 어떤 순간에 나타날까?

사람은 누구나 신체적, 정신적으로 또는 환경적으로 스스로에 대해 부족하다고 느끼는 것들이 있다. 그런데 자기의 부족한 점을 그냥 담담히 인정하는 수준이 아니라 지나치게 의식하고 집착할 때, 다른 사람과 비교하거나 자신을 탓할 때 생기는 감정이 바로 열등감이다.

또 자기 스스로를 너무 작게 보기 때문에 남에게는 오히려 과장되게 보이려고 노력하고, 그로 인해 있는 그대로의 자신을 남이 보지 못하도록 하는 것이기도 하다.

열등감은 기억이나 무의식 속에 자리 잡고 있는 어린 시절의 기억에 대한 반응이라고도 할 수 있다. 사람에게는 긍정적이고 아름다운 기억도 있지만 부정적이고 심한 상처투성이의 기억도 공존한다. 일반적으로는 어떤 상황이나 행동, 태도나 기억이 그 사람의 현재 행동을 괴롭힐 때 자기도 모르게 자연스러운 반응으로 나타나는 것이다.

또한 지나칠 정도로 자존심이 강하거나 자신을 방어할 수밖에 없는 상황에서 자신을 보호하기 위해 생겨나기도 한다. 순간적으로 곤경에서 벗어나야 하지만, 벗어날 길이 없을 때 어쩔 수 없이 곤란한 상황을 받아들일 때 생긴다.

이것이 정상적인 범주에서 벗어나지 않으면 인격 형성에 좋은 동기가 될 수도 있고 곤란한 과정을 벗어나기 위해 노력하는 과정에서 창의성이 발휘되기도 한다. 열등감을 극복하기 위한 노력은 긍정적인 시너지 효과를 발생시켜 삶의 원동력으로 작용하기도 한다.

열등감, 방치하면 큰 병이 된다

열등감을 다른 말로 심리적인 좌절이라 표현한다. 어린 시절부터 심리적인 좌절을 거듭 겪으며 자라 온 사람의 마음을 가상의 지표로 표현한다면 '꼭지점이 바닥에 있다.'로 해석할 수 있다. 마음의 꼭지점이 바닥에 있는 사람은 타인을 보는 시선도 바닥일 수밖에 없다.

열등감이 가득한 어른은 한마디로 말해 편견으로 똘똘 뭉쳐 있으면서 지독하게 외로운 존재이다. 이들은 다른 사람을 대할 때도 좋은 점보다는 나쁜 점을 더 먼저 보고 더 많이 본다. 그리고 남이 자신의 약점을 알아차릴까 두려워 자기 방어를 많이 하게 된다. 지나치게 자랑을 많이 하는 사람일수록 열등감도 많은 사람일 확률이 높다. 그러다가도 또 별 것 아닌 이야기에 발끈하며 예민한 반응을 보이는 것이 바로 열등감을 가진 이들의 대표적인 특징이다. 이들의 특징은 다음과 같이 정리할 수 있다.

첫째, 자기 과시가 강하다. 이것은 다른 사람에게 지나치게 인정받지 않으면 견딜 수가 없기 때문이다. 때로는 인정받기 위해 아첨하는 것도 주저하지 않는다. 이것은 곧 겉으로는 자기 과시가 강하지만 무의식 속에서는 자신의 무가치함을 인정하고 있다는 말이 된다.

둘째, 방어적이고 폐쇄적이다. 이것은 열등한 부분을 감추기 위해서 나타나는 현상이다. 열등감을 가진 사람들은 다른 사람의 비판을 잘 받아들이지 못하고 불필요한 자기 합리화를 일삼는다.

셋째, 자폐적인 성향을 가지고 있다. 열등한 사람은 자포자기에 강하고 변화에 적응을 잘하지 못하기 때문에 공동체 생활을 두려워한다.

　이 외에도 열등감에 사로잡힌 사람들은 자신이 매력적이지 못하다고 생각하고 스스로 자신의 문제를 해결할 수 없다고 생각하며 매사에 의욕이 없고 호기심과 창의성도 부족하다. 삶에 대한 애착이 없으니 사람들 사이에서 고립되고 그래서 더 외로워지고, 결국 점점 더 편견에 갇히는 악순환을 거듭하며 살아가게 된다.

열등감이 있으면 이런 증상을 보일 수 있다

1. 내면적
- 이유 없이 분노를 느낀다.
- 두려움이나 불안을 느끼고, 자기학대를 일삼는다.
- 작은 실수나 문제에도 심각하게 불안해 하고 자기비하와 자책을 한다.
- 겉으로 보이는 사람들과의 관계는 좋아 보이지만, 내면적으로 불평과 불만으로 가득하다.
- 외형적으로는 다 포기한 것 같으나 오히려 내면적으로는 지나친 '욕심, 자존심'이 강하다.
- 열등한 것이 드러나지 않도록 하는 데서 오는 완벽주의를 추구한다.

2. 외형적
- 지나치게 겸손하고 희생을 자처한다.
- 정상적인 관계보다 항상 피해 의식에 사로잡혀 있다.
- 의존적 자아를 갖게 되어 약한 자에게 강하고 강한 자에게 비굴하다.
- 직장생활에서 말로서 일을 하거나 부담을 주는 일은 거부한다.
- 정상적인 관계가 불가능해지고 대인기피증을 보인다.

- 자기의 약점, 단점이 폭로될 상황에 직면하면 불안과 공포를 느낀다.
- 자기의 약점, 단점이 비평을 받을 때 지나치게 방어적·공격적이다.
- 상대방의 시선을 피하기 위해 구석 자리를 선호한다.
- 학교, 성적, 직장, 가정 등의 이야기가 나오면 자리를 피한다.
- 대인관계에서 비사교적이며, 대인기피증, 우울증 증상을 보인다.
- 자기의 집, 가족 등의 단점은 절대 공개하지 않는다.
- 심한 죄책감에 사로잡혀 어둡고 절망적인 모습으로 살아간다.
- 자기 포장의 변신으로 지나치게 수다를 떨거나 익살을 부린다.
- 자기 포장의 변신으로 잘난 척, 권위주의적인 태도, 거만한 태도를 취한다.
- 자기 포장의 변신으로 명품, 유명 브랜드만 선호하는 허세를 부린다.
- 자기 포장의 변신으로 자동차에 치지도 않는 골프 클럽을 싣고 다닌다.

03 부모의 양육 방식이 아이의 열등감을 결정한다

　아이가 성장하는 과정에서 부모가 아이의 행동에 어떻게 반응하고 수용하며 격려하는가에 따라 열등감의 양상은 다르게 나타난다. 만약 부모가 아이의 생각을 무조건 '오냐오냐' 키운다면, 아이는 자기밖에 모르는 아이로 클 확률이 높다. 사람들 앞에서 언제나 환영받고 대우받지 않으면 견디지 못하는 '안하무인'의 충동적인 욕구를 지닌 사람으로 성장할 수도 있다.
　반대로 아이가 부모의 기대에 제대로 부응하지 못한다고 윽박지르며 아이의 기를 눌러 놓으면, 아이는 자신감을 얻지 못해 스스로를 무능하게 생각한다. 그렇게 되면 행동은 퇴보할 수밖에 없고, 결국 아이는 자신의 인생에서 늘 한발 물러선 삶을 살게 된다.

배변 훈련과 열등감의 관계

아이의 성격이 형성되면서 열등감도 함께 만들어지기 때문에 아이는 세상에 태어나 엄마 젖을 처음 빠는 순간부터 열등감에 노출된다. 이때 만족할 만큼 젖을 먹을 수 있느냐 없느냐가 아이에게 미치는 영향은 크다. 배불리 젖을 먹지 못한 아이는 예민해지고 '충분히 사랑받고 있지 못하다.'라는 감정을 느끼게 되기 때문이다. 여기에 아이가 운다고 때리거나 겁을 준다면 아이는 더 예민해질 수밖에 없다.

배변 훈련은 어떻게 시켜야 효과적일까?

아기는 태어나서 6개월까지는 배설에 대한 의식 자체가 없고, 7~8개월을 넘게 되면 배설 감각은 있지만 억제나 조절은 불가능하다.

이후에는 개인 차이가 있긴 하지만 대개 15개월이 지나면 배설 의사를 표시하기 시작하고, 세 돌이 넘어가면 배변을 뜻대로 지연하는 배변 행동을 하게 된다.

배변 훈련의 원칙은 우선 아이가 변기에 앉을 수 있을 때 시작해야 하고, 아이가 원할 때 이뤄져야 한다. 엄마는 아이를 도와주는 역할을 할 뿐 배설을 할 것인가 말 것인가는 아이가 결정하도록 해야 한다.

변기가 너무 차가우면 아이의 몸이 저절로 움츠러들어 제대로 배설이 되지 않을 수 있다. 대부분 처음에는 옷을 벗기까지 용변을 참지 못해 옷을 버리는 일이 많은데, 이때 엄마가 화를 내거나 가혹하게 반응하지 않도록 조심하도록 해야 한다.

배설을 잘 했을 때는 크게 칭찬해 주고, 밤에 푹 재우는 것도 배변 훈련에 도움이 된다.

잘 먹고 잘 자는 기본적인 것들이 채워지기만 해도 만족감의 대부분이 채워지는 시기를 지나면 아이는 배변기로 접어드는데, 이 시기 역시 아이의 성격 형성에 매우 중요한 시기이다.

개인마다 신체 발달, 인지 발달에 따라 개인차가 있긴 하지만 아이는 15개월 정도를 지나면 배설 의사를 표현하기 시작한다. 대소변은 매우 자연스러운 현상이기 때문에 완전한 배설 통제가 일어나기까지 가능한 한 아이의 의지에 따라 주는 것이 좋다. 사실 아이는 더럽고 불결하다는 개념 자체가 없다. 오죽하면 "똥 싼 아이에게 야단을 치면 놀라서 제 똥을 찍어 먹는다."는 말까지 있겠는가.

간혹 어떤 부모는 자신의 아이가 돌을 지나자마자 대소변을 가렸다고 자랑을 하는데, 그 말은 부모가 그만큼 아이를 훈련시켰다는 의미일 수도 있다. 평균 수준 이상의 지능을 가졌다 하더라도 그렇게 빨리 대소변을 가리는 것은 쉽지 않은 일이다.

아이에게 엄격하게 배변 훈련을 하는 것은 성격 형성에 매우 위험한 행동이다. 이때의 강박이 평생을 좌우할 수도 있다. 부모는 아이의 배변에 너무 느슨하거나 무관심하지 않아야 하지만 동시에 처벌적이어서도 안 된다.

배변 훈련은 그 자체가 아이에게 불안을 유발한다. 대소변을 못 가리는 아이에게 부모가 "왜 여기다 쉬를 했어!"라며 야단을 친다면 아무리 어린아이라 하더라도 본능적으로 비난과 책망에 따른 불안을 경험하게 된다. 그런 아이에게 지나치게 체벌을 한다면 아이는 불안과 공포가 증가될 뿐만 아니라, 오히려 상황은 더 악화된다. 만약 이런 상황이 반복되어 아이가 배설에 대한 부담을 가지게 되면 긴장을 하거나 억지로 참게 되고, 그로 인해 유아 변비에 시달리거나 소아 거식증으로까지 연결될 수도 있다.

배설은 사람의 기본적인 욕구이기 때문에 먹고 자는 것만큼은 편하고 행복하게 이뤄져야 하는데 이것이 지켜지지 못할 때 오는 정신적 박탈감이 곧 열등감으로 연결되는 것이다. 반대로 이 시기를 편하게 보낸 아이는 낙천적이고 의욕적이며 창의적인 아이로 자라게 될 확률이 높다.

지나치게 통제하는가, 지나치게 방임하는가

배변 훈련 시기를 지난 뒤에도 열등감이 형성될 수 있는 계기는 다양하다. 이때도 배변 훈련과 마찬가지로 아이는 부모의 절대적인 영향을 받는다. 집안의 전체적인 분위기도 영향을 미친다. 부모끼리 싸움과 갈등을 반복하면 그때 발생하는 팽팽한 긴장감이 아이에게도 그대로 전달되어 아이는 죄책감과 수치심을 동반한 열등감에 빠질 수 있다.

아이의 열등감에 영향을 미치는 부모의 유형은 '지나치게 통제하는가?', '지나치게 방임하는가?'로 나눌 수 있다.

엄격하게 통제하는 부모는 아이가 음식을 먹을 때도 흘리지 않도록 통제하고 물을 조금만 흘려도 바로 옷을 갈아입히며, 아이가 노는 시간,

먹는 시간, 자는 시간을 철저하게 통제한다. 이런 부모 밑에서 자라게 되면 아이는 자율성과 자존감을 빼앗기게 되어 자연스럽게 열등 의식을 배우게 된다.

반면에 지나치게 방임하는 엄마는 아이가 어떤 짓을 해도 그대로 둔다. 이런 엄마 밑에서 자란 아이는 애정 결핍을 느낄 수 있고 문제를 일으키기만 하고 거기에 대한 책임을 지지 못하는 사람으로 성장할 위험이 있다. 그러다 보면 자기 이익만 생각하고 상대방을 배려하지 않으며 자기 것과 남의 것을 구분하지 못하는 어른으로 성장할 수 있다.

아이의 열등감에 큰 영향을 미치는 또 다른 요인은 부모의 지나친 욕심이다. 최근에 만난 한 부모는 아이에게 웬만한 취미 활동은 다 시켰음에도 불구하고 아이가 아무것도 하지 않으려 하고 심리적으로 위축되어 자신감도 없다고 호소해 왔다.

이 아이에게 대체 어떤 운동을 시키면 좋겠냐는 질문에 부모가 원하는 대답을 해 줄 수는 없었다. 지금 상태에서 다른 운동을 시키면 시킬수록 아이가 더 힘들어 하고 자신감이 없어질 것이라고 조언했다. 원인을 찾기 위해 부모에게 아이의 성장 과정을 물어보니 아버지의 양육 방법에 문제가 있었다.

아이에게 무엇인가를 가르치려면 그것이 어떤 것이든 아이의 요청에 의해서 이루어져야 한다. 그리고 한 번 약속하고 선택한 것은 최소한 목표를 이룰 때까지, 어렵고 힘든 상황이 생겨도 결코 중간에 포기하지 않고 적극 참여할 수 있도록 격려하는 것이 중요하다.

어릴 때부터 아이 스스로 성취감을 느낄 수 있도록 부모가 도와줘야 한다. 당연히 목표를 달성한 후에는 칭찬과 격려를 통해 자신감을 심어주고 또 다른 계획을 세우고 새롭게 도전을 시도해 볼 수 있도록 동기를 부여하는 것도 잊지 말아야 할 것이다.

한두 차례 이런 성취감을 맛보면 아이는 다음 단계의 목표를 세우고 어떻게 행동할 것인지를 나름대로 생각하고 행동하게 된다. 아이가 조금씩 성장해 가는 것이다.

그런데 이렇게 되지 않는 것은 모두 부모의 지나친 욕심 때문이다. 아이가 요청하기도 전에 부모가 먼저 계획을 세우고 배워야 할 것을 모두 정한 뒤에 오로지 그것을 강요만 한다면, 아이는 스스로 성장할 수 있는 기회를 가질 수 없다.

대개 부모는 진짜 원인을 찾을 생각을 하는 대신 자신들의 관점에서 문제를 해결하려는 성향이 있다. 아이에게 문제가 생기면 집중력이 부족해서 이렇게 되었나 싶어 집중력을 키워 보겠다고 바둑이나 서예를 가르치고, 자신감이 부족해서 이렇게 되었나 싶어 태권도와 웅변을 가르친다.

그런데 이건 문제를 해결하는 것이 아니라 상황을 더 악화시키는 행동이다. 아이는 자신이 원하지도 않은 것들을 울며 겨자 먹기로 하다가 결국은 중단하는 악순환을 반복할 뿐이기 때문이다. 남는 것은 '나는 뭐든 한 가지도 꾸준히 못하는 불성실한 패배자야.'라는 감당하기 힘든 마음의 낙인뿐이다.

아이는 어른보다 열등감의 형태가 더 쉽게 드러나는 편이다. 열등감을 가진 아이는 대체로 학교 성적이 나쁘고 이해력이 부족하고, 산만하다는 주변의 평가를 듣거나 난폭한 행동을 보인다. 이러한 특성은 대다수의 학부모가 공통적으로 호소하는 문제들이다.

아이에게 열등감을 안겨 준 것이 부모이긴 하지만 그 해결사 노릇은 결국 부모가 해야 한다. 열등감을 조금이라도 해소하기 위해서는 부모가 적절하게 개입을 해야 한다는 말이다.

아이의 행동에 너무 예민하게 반응하거나 지나칠 정도로 개입하는 것도 문제이지만, 무관심하게 내버려두거나 방치·방임하는 것도 문제이다.

아이를 이해하려고 하되 아이가 숨을 쉴 수 있는 심리적 틈새를 남겨두고 대화를 시도하는 것이 좋다. 특정 행동이나 이상 행동에 대해서는 부모가 먼저 마음의 준비를 마친 다음 당사자인 아이가 참여하는 편이 좋다. 무엇보다 중요한 것은 부모가 직접적으로 도움을 줄 수 없는 상황이거나 아이의 열등감이 심각할 경우에는 전문가의 도움을 받아야 한다.

부모의 말속에 감추어진 열등감의 씨앗

많은 부모가 무의식중에 자기 아이와 다른 아이를 비교하는 말들을 많이 한다. 그것도 다른 아이보다 자기 아이가 잘한다는 소리가 아니라 대부분 못 한다는 소리다. 물론 더 잘하라고 하는 말이겠지만 아이에게는 큰 상처가 된다.

그러나 대부분의 부모는 자신의 말을, 아이를 위한 최고의 화법으로 오해하고 있다. "영식이는 잘하는데 너는 왜 그래?", "정수처럼 너도 1등 한번 해 봐." 이런 식의 말을 통해 아이에게 적당한 도전 의식을 심어 줄 것이라고 생각하는 어리석은 부모가 한둘이 아니다.

더도 말고 덜도 말고 이 말은 아이에게 '너는 못났다.'는 것을 주입만 시켜 줄 뿐이다. 이런 말을 자주 들으면 있던 자신감마저 없어지고 급기야 스스로 자신이 정말 부족한 사람이라는 생각을 하게 된다. 이것이 바로 열등감의 씨앗이다. 이 씨앗이 아이 마음에 떨어지면 결국 열등감이라는 커다란 열매(?)를 맺게 되고 아이는 그 열매를 안고 평생을 살게 된다.

자신을 평가절하 하는 부모를 둔 아이가 갖게 되는 감정은 결국 오기와 분노이다. 부모에게 인정받기 위해 모든 노력을 기울이지만 아무리 노력해도 부모의 눈에 아이는 늘 부족하기만 하다. 최선을 다해도 원하는 인정을 받을 수 없게 되면 아이는 결국 벽에 부딪치는 심정으로 오기와 분노를 갖게 되는 것이다.

부모의 마음에 아이가 부족해 보이는 것은 모든 것이 완벽해야 한다고 생각하는 부모의 비뚤어진 마음 때문이다. 밑 빠진 독은 우선 독부터 수리하는 것이 우선인데 아이에게 자꾸 물을 갖다 부으라고 시키는 것이다. 부모 스스로가 밑 빠진 독인 것을 모른 채 물을 붓지 않는다고 아이 탓만 하는 셈이다.

밑 빠진 독이란 결국 내적인 불안감을 가진 상태라는 말이다. 아이가 미술 시간인데 붓을 챙겨 가지 않았다고 지나치게 화를 내는 부모가 있다고 치자. 또는 아이가 동네 어른들에게 인사를 하지 않았다고 지나치게 화를 내는 부모가 있다고 치자. 과연 붓을 챙기지 않고 어른들께 인사하지 않은 아이가 그렇게 큰 잘못을 저지른 것일까? 그것은 아이가 충분히 할 수 있는 아이다운 실수에 불과하다.

그런데 내적인 불안감을 가진 부모는 그것조차도 용납하지 못한다. 자기 아이가 학교 선생님에게 덜렁대는 아이로 찍히는 것이 싫고, 동네 어른들에게 예의 없는 아이로 불리는 것이 싫기 때문이다. 결국 사회적 관계에 자신감이 없는 사람은 아이가 아니라 부모이다.

그럼에도 이런 부모는 아이의 일거수일투족을 평가하고 행동을 지시하며 아이가 자신의 기대만큼 행동하지 않으면 때리기도 한다. 이런 부모에게 시달리는 아이는 매일 자신이 뭘 잘못했는지 생각해야 하기 때문에 매사에 소심해지고 자신감이 없을 수밖에 없다. 매번 '내가 이런 행동을 했는데 엄마가 야단을 치지는 않을까?' 하며 초조해 한다.

이런 아이는 어른이 된 뒤에도 자유로운 인생을 살 수 없다. 마마보이가 될 수도 있고 극도로 소심하고 나약한 사람이 될 수도 있다.

중요한 것은 결국 이 모든 것이 어린 시절 부모가 던진 한마디의 말 "영식이는 잘하는데 너는 왜 그래?"에서 시작될 수 있다는 것이다.

내 안에 감춰진 열등감이란 지뢰 찾기

어떤 부모는 열등감이라는 '마음의 지뢰'를 갖고 있다. 자신의 부모로 인해 마음속에 생겼으나 지금은 감추어져 있을 뿐이다.

'마음속의 지뢰'는 종류가 다양해 누군가 밟기만 하면 한순간 모든 것이 잿더미로 변해 버릴 정도로 심리적으로 불안하고 불만이 가득 찬 마음을 뜻한다. 동시에 6·25 전쟁 때 묻어 두었다가 이제는 고철 덩어리가 된 지뢰처럼 어떤 기능도 수행하지 못할 만큼 고장 난 마음이기도 하다.

이런 마음에는 미움과 분노, 불평, 좌절 등이 가득하다. 열등감의 다양한 얼굴이다. 정작 본인은 밖으로 꺼내 보이지 않더라도 상대방은 그런 마음을 느낄 수 있다.

'마음속의 지뢰'를 제거하지 않으면 이것은 고스란히 아이에게 대물림된다. 아이와의 관계 개선이 필요한 부모라면 우선 자기 안에 감춰진 지뢰부터 찾아보자. 필요하다면 아이 앞에서 열등감의 존재를 인정할 용기도 필요하다. 부모라 해도 마음속의 아픔을 솔직하게 표현하는 편이 숨기는 것보다 좋다. 아이와의 관계 개선은 여기서부터 시작이다.

04 부모 열등감 지수 테스트하기

부모 열등감 자가 진단 테스트

이 검사는 부모의 열등감을 알아보기 위한 것이다. 문항 하나하나를 읽어 가며 '평소의 자신'에 대해 솔직한 느낌이나 생각을 가감없이 평가하면 된다.

● 다음은 일반 사항에 관한 질문이다. 해당 항목에 √를 표시한다.

1. 귀하의 성별은?
   ① 남자　　② 여자

2. 귀하의 나이는?
   ① 20대　　② 30대　　③ 40대　　④ 50대 이상

3. 귀하의 직업은?
　　① 학생　　② 회사원　　③ 주부　　④ 기타

4. 귀하의 자녀는 ?
　　① 초등학생　　② 중학생　　③ 고등학생　　④ 기타

● 다음은 일상생활에서 느낄 수 있는 열등감에 대한 질문이다. 아래의 내용을 잘 읽은 후, 마음이 움직이는 대로 솔직하게 체크하면 된다. 이 검사는 모두 40문항으로 구성되어 있다.

문항 내용	전혀 그렇지 않다	대체로 그렇지 않다	보통 이다	대체로 그렇다	항상 그렇다
1. 얼굴이 잘생긴 사람을 보면서 열등감을 느낀 적이 있다.	①	②	③	④	⑤
2. 돈 때문에 학업을 중단했다는 생각에 열등감을 느낀 적이 있다.	①	②	③	④	⑤
3. 용기 있는 사람을 보면서 열등감을 느낀 적이 있다.	①	②	③	④	⑤
4. 아버지(또는 어머니)의 학력이 낮아서 열등감을 느낀 적이 있다.	①	②	③	④	⑤
5. 명문학교 출신이 아니기 때문에 열등감을 느낀 적이 있다.	①	②	③	④	⑤
6. 키에 대해 열등감을 느낀 적이 있다.	①	②	③	④	⑤
7. 나보다 좋은 차를 타거나 좋은 집에 사는 사람을 볼 때 위축되거나 열등감을 느낀 적이 있다.	①	②	③	④	⑤
8. 지도력이 강한 사람을 보면서 열등감을 느낀 적이 있다.	①	②	③	④	⑤
9. 아버지(또는 어머니) 외모에 열등감을 느낀 적이 있다.	①	②	③	④	⑤

	①	②	③	④	⑤
10. 명문 고등학교에 다니는 친구를 보면서 열등감을 느낀 적이 있다.	①	②	③	④	⑤
11. 체형이 나빠서(하체가 짧거나, 오다리 등) 열등감을 느낀 적이 있다.	①	②	③	④	⑤
12. 갖고 싶은 물건을 못 사는 경우 훔치고 싶은 충동을 느낀 적이 있다.	①	②	③	④	⑤
13. 사교성이 좋은 사람을 보면서 열등감을 느낀 적이 있다.	①	②	③	④	⑤
14. 아버지(또는 어머니)의 직업이 좋지 않아 열등감을 느낀 적이 있다.	①	②	③	④	⑤
15. 외국어를 유창하게 구사하는 사람을 보면서 열등감을 느낀 적이 있다.	①	②	③	④	⑤
16. 몸이 약해서 튼튼하고 건강한 사람을 보면서 열등감을 느낀 적이 있다.	①	②	③	④	⑤
17. 나보다 돈이 많은 사람을 보면 당연히 나보다 능력이 많다는 생각에 열등감을 느낀 적이 있다.	①	②	③	④	⑤
18. 사람들에게 인기가 좋은 사람을 보면서 열등감을 느낀 적이 있다.	①	②	③	④	⑤
19. 우리 집이 가난해서 열등감을 느낀 적이 있다	①	②	③	④	⑤
20. 판단이 빠르고 결단력이 있는 사람을 보면서 열등감을 느낀 적이 있다.	①	②	③	④	⑤
21. 뚱뚱해서(또는 말라서) 열등감을 느낀 적이 있다.	①	②	③	④	⑤

	①	②	③	④	⑤
22. 돈만 많이 벌 수 있다면 물불을 가리지 않고 어떤 일이라도 할 수 있다.	①	②	③	④	⑤
23. 적극적이고 활동적인 사람을 보면서 열등감을 느낀 적이 있다.	①	②	③	④	⑤
24. 우리 집은 가정불화가 심해 가정에 대한 열등감을 느낀 적이 있다.	①	②	③	④	⑤
25. 머리가 나쁜 것 같아서 열등감을 느낀 적이 있다.	①	②	③	④	⑤
26. 피부(또는 색, 상태)에 대해 열등감을 느낀 적이 있다.	①	②	③	④	⑤
27. 돈 때문에 돈 많은 사람 만나는 것을 꺼리거나 외부 활동을 자제한 적이 있다.	①	②	③	④	⑤
28. 이성을 잘 사귀는 사람을 보면서 열등감을 느낀 적이 있다.	①	②	③	④	⑤
29. 나보다 잘난 형제(또는 자매)와 비교하여 열등감을 느낀 적이 있다.	①	②	③	④	⑤
30. 공부를 잘하는 사람을 보고 열등감을 느낀 적이 있다.	①	②	③	④	⑤
31. 성기(또는 가슴)가 작은 것 같아서 큰 사람에게 열등감을 느낀 적이 있다.	①	②	③	④	⑤
32. 돈 많은 사람과 결혼한 사람을 보고 열등감을 느낀 적이 있다.	①	②	③	④	⑤
33. 주위 사람들로부터 인정받는 사람을 보면서 열등감을 느낀 적이 있다.	①	②	③	④	⑤

문항	①	②	③	④	⑤
34. 형제(또는 자매)나 친척들 중에서 잘난 사람이 없어 열등감을 느낀 적이 있다.	①	②	③	④	⑤
35. 상대방의 말을 잘 이해하는 사람을 보면 열등감을 느낀 적이 있다.	①	②	③	④	⑤
36. 근육이 잘 발달된 사람(또는 몸매가 좋은 사람)을 보면서 열등감을 느낀 적이 있다.	①	②	③	④	⑤
37. 남들보다 부유해 보이려고 카드를 긁어서라도 명품으로 치장한 적이 있다.	①	②	③	④	⑤
38. 재치 있고 유머가 뛰어난 사람을 보면서 열등감을 느낀 적이 있다.	①	②	③	④	⑤
39. 부모가 없어서(또는 편부, 편모, 이혼 등) 열등감을 느낀 적이 있다.	①	②	③	④	⑤
40. 예능(음악, 미술, 노래, 춤 등)을 잘하는 사람을 보면서 열등감을 느낀 적이 있다.	①	②	③	④	⑤

● 부모 열등감 자가 진단 채점표이다. 해당 문항에 체크한 번호를 적고, 이 번호를 모두 더한 합을 계에 적는다.

열등감 종류	해당 문항 번호								순위
Ⅰ. 신체적 열등감	1	6	11	16	21	26	31	36	계
Ⅱ. 경제적 열등감	2	7	12	17	22	27	32	37	계
Ⅲ. 사회적 열등감	3	8	13	18	23	28	33	38	계

Ⅳ. 가정적 열등감	4	9	14	19	24	29	34	39	계
Ⅴ. 학업적 열등감	5	10	15	20	25	30	35	40	계

위 다섯 가지 종류 중에서 가장 높게 나온 점수가 자신의 주요한 열등감이다.

● 위 채점표의 각 계를 해당 숫자에 점으로 표시한다. 표시한 점과 점 사이를 연결해 본다.

● 부모 열등감 지수에 대한 해석이다. 위 그래프에서 가장 높게 나온 점수를 기준으로 본다.

열등감 지수	열등감 지수에 대한 해석
15점 미만	자신에 대해 어떤 열등감도 느끼지 않거나, 열등감이 낮은 사람이다. 열등감 점수가 10점 이하인 사람은 매우 드물다. 이 점수에 해당하는 사람은 선천적으로 낙천적일 수도 있지만 열등감을 줄이기 위해 엄청난 노력을 한 사람일 수도 있다. 자칫 잘못하면 우월감에 빠질 수도 있기 때문에 자신을 귀하게 여기면서도 자신을 조용히 돌아보는 시간이 필요하다.
15점 이상 ~ 31점 이하	열등감이 보통인 사람이며 대다수의 사람이 여기에 속한다. 이 단계에 있는 사람은 열등감을 적절히 조절해 오히려 긍정적인 시너지 효과를 일으키는 동기로 이용할 수 있다. 그러나 점수가 25점 이상이라면 조금은 긴장해야 한다. 이대로 두면 열등감이 더 높아질 가능성이 있기 때문이다. 어떤 부분에서 가장 열등감이 심한지를 찾아내 열등감의 존재를 인정하고 원인을 분석해 보자.
32점 이상	열등감이 위험 수위에 다다른 사람이다. 과거의 열등감이 현재 생활에 많은 영향을 미치고 있으므로 열등감을 해결하기 위한 절대적인 노력과 훈련이 필요하다. 열등감을 많이 갖고 있는 이유가 분명히 있을 것이다. 스스로 가장 열등하다고 생각하는 분야를 찾아야 한다. 언제부터, 무엇 때문에 열등감이 생겼으며, 현재 자신의 삶을 얼마나 지배하고 있는지를 찾아내 조절해야 한다. 이 상태로 그냥 내버려둔다면 대인 관계에 문제가 생기거나 우울증을 경험할 수도 있다. 만약 특정 분야에만 열등감이 있다고 해도 그 분야와 상관 관계에 있는 분야에까지 부정적인 영향을 미칠 수 있다. 예를 들어서 경제적 열등감이 악화되어 사회적 열등감으로 변환될 수 있고, 가정적 열등감이 학업적 열등감에 부정적 기능으로 전이될 수도 있다.

열등감을 진단하기 전에 알아둘 것

상대방이 자기를 무시하면 자존심을 건드렸다고 불쾌하게 생각하면서 정작 스스로는 자신을 무시하거나 과소평가하는 것을 당연한 것으로 여긴다면, 이는 대표적인 열등감의 표현 방식이라 할 수 있다. 또 어느 것 하나 똑 부러지게 제대로 하는 일도 없으면서 엄청난 능력을 지닌 것처럼 자존심만 내세우는 사람도 마찬가지이다. 자기도 모르는 자기도취 속에 살아간다는 것 역시 정작 속으로는 불안해 하는 내향적 성향을 지녔다는 것을 의미한다. 상대방이 아무런 표현을 하지 않음에도 불구하고 스스로가 마치 어떤 결함이나 결핍한 것들을 숨기고 있는 것처럼 불안해 한다면, 그렇게 만드는 무의식적인 요인들을 찾아내는 것이 중요하다.

자신도 모르게 무의식적으로 반복하거나 민감하게 반응하는 어떤 것에는 반드시 그 이유가 있다고 보면 된다. 열등감 역시 무의식 속에 잠재되어 있는 것들을 사회적 적응을 위해서 의도적이고 의식적으로 각인시킨 것이다.

이것은 일종의 심리적 상처인데 대개는 상처가 있는지조차 모르고 살아가다 어느 날 갑자기 상처를 대면하고 놀라게 된다.

앞서 우리는 무의식에 내재되어 있는 열등감이 어떤 종류인지를 알아보는 '자가 진단 테스트'를 실시했다. 이 검사는 자기 속에 어떤 종류의 열등 의식이 자리 잡고 있는지를 이해함으로써 소모적인 내적 갈등을 줄이고 인간관계에서 오는 마찰을 최소화하는 것이 목적이다.

열등감 결과를 설명하기 전에 한 가지 당부하고 싶은 것은 이 결과가 잠재된 열등 의식을 찾아내는 방법 중 한 가지에 불과하다는 사실이다.

어떤 심리 검사나 마찬가지겠지만 한 가지 결과가 곧 진리인 것처럼 여기는 것은 코끼리를 냉장고에 집어넣으려는 시도만큼이나 어리석은 생각이다.

우리가 알고 있는 심리 검사 도구만 수십 종에 달한다. 그런데 많은 사람이 타인을 자기가 알고 있는 특정 유형에 억지로 대입하려는 실수를 저지른다. 혈액형 하나로 성격을 추정하고 그렇게 추정된 성격이 자신과 반대라는 이유로 처음부터 기피하거나 또는 비슷하다고 잘 알지도 못하면서 친해지려 애쓰는 사람이 있다.

이런 식으로 본다면 심리 검사에서 흔히 사용하는 마이어브릭스 유형지표(Myers-Briggs Type Indicator; MBTI) 검사 방법도 혈액형과 다를 바가 없다. 상대방이 어떤 유형이냐에 따라 그 사람 자체를 결과의 틀 속에 가두어 버리는 것이다.

서로의 부족함을 채워 주기 위해 상호 보완적인 방법을 찾겠다는 관점보다는 이래서 맞지 않고 저래서 맞지 않는다는 등 상충하는 것만 나열하기 십상이다. 그러다 보면 결론이 '그러니까 잘못된 만남'이라는 식으로 단정되는데 이것은 매우 위험한 일이다.

심리 검사라는 것은 옷을 살 때 자신의 체형에 가장 적합한 옷을 찾으려는 것처럼 어디까지나 '가장 맞는' 요소를 찾아내려는 검사에 불과하다. 검사 결과를 절대적으로 여기기보다는 그것을 어떻게 수용하고 문제점이 있다면 어떻게 직면할 것인가가 더 중요하다. 몸에다 옷을 맞춰야 하는데 옷에다 몸을 맞추는 실수를 저질러서는 안 된다.

1. 신체적 열등감

신체적 열등감이란 선천적 요인에서 비롯되는 것들로 '키, 몸매, 이목구비' 등이다. 그렇다면 인간은 이러한 자신의 신체 특성에 대해 얼마나 만족하며 사는 것일까?

요즘은 잘생기고 정말 멋진 근육질의 남자들이 수두룩하다. 늘씬한 키에 잘 다듬어진 몸매, 꽃미남 같은 남자들을 보면 아마 남자가 봐도 '멋있다.'라고 생각할 것 같다. 그러나 필자 개인적으로 다행이라고 생각하는 것은 작은 키와 왜소한 몸매 때문에 고민하거나 열등감에 빠져 본 적이 없다는 것이다.

누가 키에 대해 말하면 '작은 고추가 맵다.'는 속담을 말하며 마음속으로 매운맛을 보여주려고 했던 것 같다. 신체적인 열등의식에 젖어들지 않으려고 나름대로 노력한 것이다.

만약 부모가 신체적 열등감을 갖고 있다면 제아무리 예쁜 자녀라 해도 별로 예뻐 보이지 않는다. 자기를 닮아 예쁘지 않다는 생각이 머릿속 깊이 박혀 있기 때문이다. 물론 다른 아이를 볼 때도 말로는 귀엽다, 예쁘다 칭찬을 늘어놓지만 돌아서기 무섭게 단점을 찾아내려 애를 쓸 것이다.

그것은 모든 기준이 자기에게 있기 때문이다. 자신이 가진 열등감을 어쩌지 못해 자신도 모르게 나오는 말이다. 이렇게 신체적 열등감을 가진 사람은 대인 관계에 어려움을 호소하고 처음 만나는 사람이나 이성에게 예민한 경계 심리를 보인다. 이런 사람들 중에는 지하철이나 공원 놀이터에서 낯선 사람이 잠깐만 쳐다봐도 왜 쳐다보냐고 화를 내기도 한다.

신체적 열등감의 정도는 신체 부위에 따라 차이가 있다. 사람들이 가장 열등감을 많이 보이는 곳은 대인 관계에서 첫 인상을 결정짓는 '이목구비'이다.

사람은 누구나 쉽게 보이지 않는 신체 부분보다 상대방에게 잘 보이는 부분에 신경을 쓰기 마련이다. 열등감을 가진 부모는 아이의 눈이 작거나 코가 낮으면, 아이가 얼른 자라기만을 학수고대하게 된다. 성형 수술을 해주기 위해서이다.

다행히 아이가 자기 얼굴에 대해 콤플렉스를 느끼지 않는다 하더라도 이런 부모와 살게 되면 자기도 모르게 '나는 얼굴이 못 생겼어.'라고 생각하게 될 것이다. 부모가 아이를 볼 때마다 '너는 코만 높이면 예쁠 텐데, 쌍꺼풀만 있으면 공주 같을 텐데.' 하며 주입을 시키니 아이도 어느새 '나는 코가 너무 낮아. 나는 눈이 못생겼어.' 하고 자기비하를 하게 된다. 아이 역시 부모의 열등감 바이러스에 감염된 것이다.

게다가 신체적 열등감을 가진 부모는 다른 아이에게도 간섭한다. 가끔 여러 사람들과 TV를 보게 될 일이 생기는데, 그때 TV에 등장하는 가수나 연기자들의 얼굴에 대해 지나치게 비판하는 사람이 있다. 그런데 이야기를 가만히 들어 보면 칭찬은 없고 죄다 비난뿐이다. 성형을 한 사람은 성형을 했다고 야단이고, 안 한 사람은 어디가 못생겼다고 비난을 늘어놓는다.

이런 사람들은 세상의 모든 일을 외모와 연결시킨다. 누가 입사 시험에 떨어졌다고 하면 못 생겨서 떨어졌다고 생각하고 이성과 헤어졌다고 해도 그것이 외모 때문이라 생각한다. 모든 원인을 신체적 열등감으로 연결 짓기 때문에 원만한 사회생활을 하는 것도 어렵다. 부모가 지나치게 아이의 신체적 외모를 강조하는 것 역시 잘못된 결과를 가져올 수 있다.

2. 경제적 열등감

다양한 열등감 중에서 돈에 대한 열등감만큼 막대한 영향력을 행사하는 것도 없을 것이다. 경제 상황은 양쪽 어깨에 힘을 실어 주기도, 빼앗기도 하는 막대한 괴물이다.

돈이라면 무조건 오케이, 돈 앞에서는 물불을 가리지 않는 사람을 보고 있노라면 돈에 대한 열등감만큼 무섭고 끔찍한 것이 있을까 하는 생각마저 든다.

경제적 열등감에 처한 사람 중에는 물질의 빈곤 속에서도 행복을 느낀다며 지나치게 주장하는, 일명 '자기 기만' 속에서 살아가는 이도 있다. 말은 그렇게 하면서도 돈이 없다는 이유로 모임이나 대인 관계 자체를 피하고, 돈과 경쟁할 수 있는 다른 것으로 자신을 과시하려고 애쓰기도 한다. 그러면서도 어떤 일이 잘못되었을 때는 원인이 무조건 돈 때문이라 생각하고 그 때문에 부당한 대우를 받는다고 생각한다.

경제적 열등감은 대개 돈에 대한 개념이 생기는 시기에 만들어진다. 이때 부모가 아이 앞에서 늘 돈 이야기를 하고 궁핍함을 강조하면 아이는 자신도 모르게 돈에 대해 집착하게 된다. 이런 아이는 갖고 싶은 물건이 생기면 그것을 정당한 방법으로 얻으려고 노력하기보다는 '나는 가난해서 저런 걸 가질 수 없어.'라고 일찌감치 포기하면서 스스로를 가엾게 여기거나 훔치고 뺏는 옳지 못한 방법으로 자신이 원하는 것을 얻으려 한다.

좀 더 자라 도벽은 사라지더라도 경제적 열등감이 있으면 솔직한 경제 상황을 남에게 드러내는 것에 두려움을 느껴 허세를 부리는 사람으로 성장할 수 있다. 흔히들 '체면치레'라고 부르는 것이 바로 경제적 열등감을 대표하는 것이다. 집은 월세에 살면서도 차는 중형차를 타고 다니는 이들이 대표적인 경우다.

한국에서 '차'는 부의 상징으로 여겨진다. 많은 사람이 작은 차를 타고 다니면 도로 위에서 시시비비가 붙었을 때 억울한 일을 많이 당하고, 친구들 앞에 나서기도 부끄럽다고 생각한다.

학창 시절 자신보다 공부를 못한 친구가 더 좋은 차를 타고 나타나는 것도 싫고 더 좋은 집에 사는 것도 싫다. 돈을 곧 인생의 성공과 결부시켜 생각하기 때문에 자신의 인생 전체가 초라해졌다고 생각한다.

문제는 이러한 열등감이 가난한 사람만의 몫이 아니라는 것이다. 실제로 이미 많은 돈을 가지고 있는 사람들 중에 여전히 이런 열등감과 비교 의식에서 헤어 나오지 못하는 이들이 많다.

경제적으로는 부자이면서 정신적으로 열등감에 사로잡힌 이들은 사실 무엇을 소유해도 결국은 열등 의식과 패배주의에서 빠져나오기 힘들 것이다.

경제적 열등감에 사로잡힌 부모가 무서운 것은 아이를 제대로 된 길로 인도하기 어렵기 때문이다. 아이가 진학할 학교나 전공을 선택할 때 기준을 '얼마나 많은 돈을 벌 수 있는가?'에 맞춰 강요하기 때문이다. 당장 눈앞에 보이는 이익에 급급해 아이를 옳지 않은 길로 인도할 가능성이 크다. 조금이라도 손해 보는 일은 절대 하지 말라고 가르치고 돈이 늘 최고라고 가르치니 그 아이가 행복한 삶을 살게 될 리가 없다. 겉으로 풍요한 삶을 살 수는 있겠지만 아이 역시 부모와 마찬가지로 마음은 가난한 사람, 그저 '돈돈'거리는 인생을 살게 될 뿐이다.

3. 사회적 열등감

사회적 열등감을 가진 사람은 대인 관계에서 내향적인 성향을 가진 사람으로, 사회 속에서 자기 목소리를 쉽게 내지 못하는 유형이다.

사회적 관계를 제대로 맺지 못하는 사람은 인생을 살아가는 방식도 스스로 길을 모색하기보다는 누가 앞장서서 자기를 끌어 주기를 바란다. 이들은 결혼 후 부부관계에도 주도적이지 못하다. 친구가 별로 없으며 가족이나 주변 사람과의 친밀감도 형성하기 어려워한다. 작고 사소한 일에도 망설임과 걱정 때문에 쉽게 결정을 내리지 못하고, 남자의 경우에는 남자다운 배짱도 부족하다. 다만 자기에게 맡겨진 일 만큼은 철저하게 처리하고, 좀처럼 화를 내거나 문제를 일으키는 경우가 없고, 대개 착하고 성실한 모습을 보인다는 장점은 있다.

그럼에도 불구하고 사회적 열등감을 가진 사람의 치명적 단점은 아주 가까이에 있는 사람을 괴롭힌다는 것이다. 이런 유형들이 대개 융통성이 없고 말수가 적은 데다 마음속으로 생각하는 것을 밖으로 표현하는 일을 어려워한다. 당연히 자율성이나 주도성도 부족하다. 이런 성격이다 보니 결국 함께 일하는 사람들이 '복장 터지는' 일을 여러 번 겪게 될 수밖에 없다.

남과 어울리고 상대방을 배려하고, 또 타인과 타협하는 자세가 부족하다 보니 오해도 많이 생긴다. 변화를 싫어하고 모험이나 도전 정신이 부족하기 때문에 이런 타입을 배우자로 둔 사람은 지독하게 안정 지향적인 삶에 지쳐갈 수도 있다.

그렇다면 이런 사회적 열등감은 어떻게 형성되는 것일까? 사회적 열등감은 보통 사회 집단 전체가 개인에게 가하는 경우가 많다. 만약 남녀 차별이 심한 사회에 살고 있는 여성이라면 사회적 열등감을 갖게 되기 쉽다. 학벌이나 직업도 사회적 열등감을 조장하는 데 큰 영향을 미친다.

아이들은 초등학교 고학년이 되면 다른 사람과의 사회적 관계가 형성되고 다른 사람과 비교하면서 자신의 사회적 위치를 생각하게 된다.

이때 아버지의 직업이나 집안 환경 등을 통해 사회적 열등감을 강하게 느낄 수 있다.

사회적 열등감이 형성된 사람들 중에는 반작용으로 성공에 지나치게 집착하는 성향을 보이는 사람도 있고, 반대로 자신을 일찍 포기하고 열등감을 이기지 못해 반사회적인 행동을 하는 사람도 있다.

사회적 열등감은 용기, 지도력, 인기, 이성 교제, 재치와 유머 등에 대해 느끼는 부족감이기도 하다. 대체로 공부도 잘하면서 이성 친구들과 쉽게 어울리고, 노래도 잘하고 분위기도 잘 맞추고 노는 친구와 자신을 비교하면 한 없이 열등해진다는 아이가 여기에 속한다.

자신은 공부만 잘하거나 또는 공부도 못하면서 친구들과 잘 어울리지도 못하고 그렇다고 외모가 출중한 것도 아니고, 노래면 노래, 춤이면 춤, 어느 것 하나 내세울 것이 없다면서 상대적 열등감을 호소하는 아이다.

중요한 것은 아이가 어떤 종류의 열등감을 갖고 있는지를 먼저 파악하는 것이다. 만약 공부에 열등감을 갖고 있지만 신체가 뛰어나다면, 아이의 신체 특성과 체력을 고려한 구기 종목 등을 선택하는 것이 좋다. 체격이 건장하다면 보디빌딩이나 수영 등을 통해 다른 사람의 부러움을 받을 수도 있다.

이런 방법을 통해 아이는 자기 속에 있는 학습 열등감을 줄일 수 있다는 것을 알게 되었을 뿐 아니라 공부만 잘하는 친구들조차 자신을 부러워한다는 것을 알게 되면서 새로운 정체성을 찾게 된다.

이때 주의할 것은 열등감을 극복하기 위한 이런 저런 방법들이 자칫하면 오히려 더 큰 열등감과 좌절을 경험하게 할 수도 있다는 점이다.

예를 들어 직장인 중에 유난히 음치여서 그것이 평생 부끄러움인 사람이 회식 때문에 마지못해 노래방으로 끌려갔다가 억지 춘향으로 노래를 불렀다고 하자. 최선을 다해 불렀지만 점수가 "68점이니 더 열심히 분발 하세요."라고 나왔다. 동료들은 안됐다는 듯 쳐다보고 부장님은 퇴근 후에 노래 연습실로 출근하라 했다면 이 사람의 기분은 어떻겠는가? 아마 당장 사표 쓰고 싶은 마음이 아닐까?

어른도 이런데 아이는 오죽하겠는가. 노력했다가 좌절을 맛보게 되면 아이는 '역시 나는 공부도 못하고, 체육도 못하고, 어느 것 하나 제대로 할 줄 아는 것이 없다.'는 식의 자아 상실감과 패배 의식만 더 커질 수 있다. 심각한 경우에는 대인 기피나 대인 공포증으로까지 이어질 수도 있다. 아이에게 적합한 극복 프로그램을 선정하는 것이 무엇보다 중요한 것은 이 때문이다.

4. 가정적 열등감

가정적 열등감은 부모의 학력, 외모, 직업, 경제력, 가족 친지의 사회 경제적 지위, 집이 좋고 나쁨, 사는 동네, 가정 분위기, 부모의 부재에 따라 아이가 느끼는 부족감이다.

또 출생 순서에 따른 부모의 양육 태도 때문에 갖게 되는 열등감이기도 하다. 부모의 양육 태도는 다른 형제와 자신을 구분 짓는 중요한 것이고, 사람은 형제간의 관계를 통해 일반적 대인 관계를 시작하게 된다. 당연히 출생 후 가장 먼저 접하게 되는 부모와 형제 관계 즉 형이나 누나, 또는 동생의 관계에 따라 인간관계의 폭이 달라진다.

버릇이 없거나 응석받이로 자란 아이는 다른 사람들이 항상 자기를 위해 모든 것을 해주기 때문에 어떤 상황에서도 자기는 중요한 인물이며 모두가 자기를 떠받들어야 한다고 생각한다.

이렇게 자란 아이는 자기가 원하는 것을 얻기 위해 기다리는 것을 배운 적이 없으며, 어려움을 극복하거나 다른 사람들에게 맞춰 주고 적응하는 것을 경험해 본 적이 없다. 그렇기 때문에 새로운 문제에 부딪쳤을 때 자기는 해결할 능력이 없다고 믿고 쉽게 열등감에 빠지게 된다.

한편 부모가 방임한 아이는 근본적으로 자기의 존재가 무가치하다고 믿기 때문에 능력을 인정받거나 애정을 갖고 다른 사람으로부터 존경받을 수 있다는 자신감이 부족하다.

우리는 인간관계에서 가장 가까운 사람이 가장 힘들게 한다는 것을 잘 알고 있다. 가정은 삶의 보금자리임에 틀림없지만 때로는 '적과의 동침'이 될 때도 있고, 혈육의 정으로 뭉친 부모와 자녀 사이가 피 한 방울 섞이지 않은 남보다 못할 때도 있다.

가정적 열등감이 심한 경우에는 남편과 아내 사이, 부모와 자녀 사이, 형제와 자매 사이임에도 불구하고 서로에 대한 애틋함이나 사랑, 결속감이 없다. 가정적 열등감을 지닌 부모에게서 자라는 아이는 고독과 소외감 속에서 성장할 수밖에 없고 가족에 대한 끈끈함과 애틋함이 없다.

우리 사회에서 가정적 열등감에 시달리는 사람의 수는 생각보다 많으며, 또한 그들은 제대로 된 가정을 이루지 못하고 살아가는 경우가 많다. 간단한 예로 어린 시절 아버지의 알콜중독이나 폭력으로 인해 깨어진 가정에서 자란 탓에 지금도 술 마시는 남자와는 절대 상종도 하지 않고 남자를 믿지 못하는 미혼 여성들이 얼마나 많은지 모른다.

무엇보다 가정적 열등감은 그 집안의 구성원이 아닌 이상 절대 알 수 없는 문제라는 점에서, 그리고 본인들조차도 그것이 문제라는 것을 자각하지 못하는 경우가 많다는 점에서 다른 열등감보다 더 위험하다.

이를 극복하려면 부모가 자신의 선에서 그것을 끊는 일이 유일한 해결책이다. 비록 부끄러울 정도의 경제력과 외모, 학력, 직업을 가진 부모로 인해 자신은 가정적 열등감을 경험했다 하더라도 자신의 인생은 그보다 좀 더 나아질 수 있도록 노력하는 것이다. 부족해도 사랑하고 자랑스러워해야 하는 것이 가족이지만, 그것을 어린 아이에게 강요할 수는 없다. 조금이라도 자랑스러운 부모가 되기 위해 노력하는 것이 오히려 현실적인 해결책이다.

5. 학업적 열등감

학업적 열등감이란 학업 능력과 관련된 지능, 학업 성적, 특정 교과 성적, 이해력, 공부 집중력 등 학업을 둘러싼 문제에서 생기는 열등감을 의미한다. 원인은 학창 시절에 특정 교과목이나 예체능 때문에 받은 심리적 부담이나 압박감이다.

학교에서는 선생님께 야단맞고, 친구들에게는 놀림을 당하고, 집에서는 야단을 맞거나 "공부해야 출세한다."는 닦달을 당하는 아이가 주로 경험한다.

이렇게 자란 아이는 공부에 대한 강요로 힘들었던 어린 시절을 떠올리며 자신이 부모가 되면 절대 아이에게 공부를 강요하지 않겠다고 다짐하지만, 이상하게 그런 부모일수록 더 아이를 닦달하게 된다. 그것이 바로 학업적 열등감의 정체니까 어쩔 수 없다.

지금은 초등학교 학생들도 과도한 공부로 친구들과 놀 시간이 없다. 학업 스트레스를 호소하는 아이도 한두 명이 아니다. 공부를 좀 한다고 해도 사정은 비슷하다. 중학교에서는 전교 등수로 놀았다 하더라도 특목고에 진학하려면 같은 중학교 아이들이 아니라 전국의 중학생들과 겨뤄야 하기 때문이다.

결국 모든 아이에게는 필연적으로 학습적 열등감이 있다. 전국에서 1등을 하는 아이도 언제 밀려날지 모른다는 공포에서 오는 열등감이 있을 것이다. 그러니 다른 아이들이야 말해 무엇 하겠는가.

성적이 떨어지는 아이는 학교나 학원에서 시험을 치를 때마다 자신의 수준을 절감하면서 매번 좌절하고 열등감을 한 무더기씩 떠안게 된다. 그러나 학업 열등감이 심해질수록 학업에 대한 관심과 흥미는 점점 더 사라진다. 그저 자신과 부모의 기대에 못 미치는 스스로에 대한 실망과 고통이 있을 뿐이다.

학업적 열등감이 오래 지속되면 졸업한 뒤에도 스스로를 무능한 인간으로 생각하기 쉽다. 무능하다는 생각은 결국 세상을 살아가는 것이 너무 힘들다는 생각으로 연결되어 삶 자체에 대한 회의를 갖게 된다. 학업적 열등감이 사회적 열등감으로 연결되는 것은 당연한 결과다.

어떤 부모는 자녀가 공부 못하는 것 자체를 이해하지 못할 뿐 아니라 도무지 용서가 되지 않는다고 한다. 그래서 아이가 공부를 못하면 죽도록 두들겨 패서라도 억지로 공부를 시켜야 한다고 생각하고 실제로 그대로 행동한다. 그러고는 부모가 회초리를 들지 않아도 잘하고 있다고 자랑하는데 그런 부모는 정작 학창 시절에 공부를 잘하는 학생이었냐 하면 절대 그렇지 않다.

물론 학생이라면 당연히 공부를 해야 한다. 그것이 학생의 본분이니까. 하지만 모두가 반드시 잘해야 하는 것은 아니다. 1등이 있으면 꼴찌도 있는 법이니까 어차피 누군가는 그 역할을 맡아야 할 것 아닌가.

"공부 못하는 애는 인간도 아니야.", "네가 공부를 못해서 엄마가 지금 죽고 싶은 심정이야."와 같은 말들은 사실 철저하게 열등 의식에 빠진 부모가 하는 말이다. 공부 못하는 아이 때문에 걱정하고 고민하는 것은 당연하지만 그것 때문에 불행해 하거나 지나치게 죄책감을 갖고, 아이가 공부를 못하니 부모의 인생도 망했다고 생각하는 것은 건강한 생각이 아니다.

아이의 성적이 떨어졌다는 이유로 부부싸움을 하고 아이를 때리는 부모도 적지 않다. 부부간에 학력차가 있을 경우 상대적인 학업 열등감을 가지게 되고 그것으로 인해 사이가 나빠지기도 한다. 상대가 자신을

학습 부진아의 열등감 극복기

누구나 자기 자신의 가치관과 다른 사람들의 평가 사이에서 일정한 거리감이 있음을 경험하며 산다. 이런 거리감은 모든 사람이 성장하면서 느끼는 일종의 성장통이다. 성장통은 시간이 지나면서 자연스럽게 해결되는 경우도 있고, 때로는 사춘기처럼 민감한 시기에 열등감을 극복하려고 부단히 노력하는 과정으로 겪기도 한다.

예를 들어 그동안 공부가 늘 뒷전이었던 학생이 자기 안에 공부에 대한 열등감이 가득하다는 것을 깨닫게 된 이후 독한 마음으로 공부에 매진하는 경우가 있다.

누구나 자기 안의 가치를 발견하면 헛된 시간을 보내지 않게 되고, 한 번씩 성과를 낼 때마다 주변의 간섭이나 잔소리가 줄어든다는 것을 깨닫게 된다. 때로는 역효과를 가져올 정도로 철저한 자기중심주의에 빠져 현실적인 가치에 최선을 다해 노력하는 모습을 보이기도 한다.

반면, 자기 안에 숨겨진 학습에 대한 열등감을 받아들이지 못한 채 그저 눈에 보이는 장애물에 걸려 넘어지기만 하는 학생은 공부를 의무와 임무로 받아들이는 기회를 얻지 못한다. 언제나 부모를 기쁘게 하기 위해 공부한다고 생각하며 살게 되고, 그래서 더더욱 도피하고 싶은 욕구만 강해진다.

따라서 학습에 대한 열등감이 강하면서 그 열등감 자체를 깨닫지 못하는 아이의 행동을 치유하려면 다른 사람들이 나를 어떻게 보는지, 사람들이 나를 얼마나 주목하고 있는지 따위에 집중하지 말고 스스로 자기 안에 숨어 있는 가치를 인정하도록 도와줘야 한다. 즉 싸워야 할 대상이 무엇인지 명확하게 알도록 만들어야 한다는 말이다. 그래야 아이는 자신감을 가지고 공부라는 대상과 맞설 수 있게 된다.

무시한다는 자격지심이 작은 말도 그냥 넘어가지 못하게 만든다. 부모가 서로에게 화를 내는 모습을 지켜보면서 아이는 점점 더 공부에 대한 두려움을 갖게 된다. 이 모든 것이 학업 열등감을 만드는 요소들이다.

05 아버지가 생략된 자녀 교육은 자신의 감정을 통제할 줄 모르는 아이로 만든다

아버지와 아이의 관계는 아이가 자랄수록 긍정적인 관계가 될 수도 있고, 부정적인 관계가 될 수도 있다. 모든 것은 아버지가 아버지로서의 역할을 얼마나 충실하게 감당하느냐에 달렸다. 한 연구 결과에 의하면, "아버지와 함께 많은 시간을 보낸 아들일수록 인지 능력이 높고 이해력도 높으며 자신감이 많아 자기를 통제하는 능력이 높다."고 했다.

부모 역할에 소홀한 아버지를 둔 아이는 아버지의 부재를 다른 것으로 보충하려고 한다. 아버지를 대체할 그 무엇이 필요하다는 말은 그만큼 아버지의 존재가 크다는 것을 의미한다. 그렇다면 아버지의 역할이나 임무란 어떤 것일까?

첫째, 아버지라는 역할 중에서 핵심적인 기능은 아이에게 경제적인 지원과 안정된 생활환경을 제공하는 것이다. 성경에도 자기 가족을 돌보지 않는 아버지를 '불신자보다 더 악한 자'라고 했듯이 아버지는 무엇보다 경제적 제공자로서 기능을 잘 감당해야 한다. 아버지가 아이에게 안정된 가정환경을 제공해 주지 못하면 아이는 불안과 두려움을 갖게 된다.

물론 경제적 지원만이 전부는 아니다. 간혹 아이에게 너무 가혹했다거나 제재를 많이 가해 왔다는 죄책감 때문에 이것을 보상하려고 부적절할 만큼 물건을 많이 사 주는 경우가 있다. 시간이 없다는 이유로 아이와 놀아 주지 않고 돈이나 선물로 때우려는 것은 적절한 행동이 아니다. 경제적 기반을 제공하는 것과 모든 것을 경제적인 것으로 대신하려는 것은 엄연히 다르다.

둘째, 아버지는 아이를 안전하게 보호해야 할 의무와 책임이 있다. 아버지는 가정을 위협하는 위험 요소를 제거해야 할 임무가 있다. 잠재적 위험 요소란 다른 것이 아니다. 아이가 친구들로부터 따돌림을 받거나 조롱거리가 된다면 아버지가 그 문제를 해결해야 할 책임이 있다는 말이다. 아버지의 행동이 아이에게 위축된 행동을 가르친 것은 아닌지, 그로 인해 친구들로부터 소외당하고 있는 것은 아닌지 점검해 보고 누구보다 중심에 서서 그 문제를 해결해야 한다. 가족 안에서 아이끼리의 다툼이나 문제가 있다면 이를 해결할 의무도 있다.

셋째, 아버지는 아이에게 삶의 모범이 되어야 한다. 아이는 아버지의 말과 행동을 배우며 자란다. 아버지가 제대로 된 역할 모델이 되지 못하면 아이는 밖에서 다른 것을 모델로 삼으려 할 것이고, 아이의 판단이 잘못될 경우 아주 나쁜 영향을 받을 수 있다. 흔히들 아이가 문제를 보이면 "친구를 잘못 만나 이렇게 되었다."고 말하는데, 아이가 삐뚤어질 정도로 친구에게 많은 영향을 받은 것도, 다르게 생각하면 집에서 아버지에게 좋은 모습을 배우지 못했기 때문이다. 좋은 태도가 이미 자리를 잡아 버렸다면 나쁜 태도는 들어올 자리가 없기 마련이다.

특히 아이에게 가혹한 말이나 비난, 욕설 등으로 치명적인 상처를 입히는 아버지는 절대 삶의 모범이 될 수 없다. 자신의 삶은 잘 살고 있다고 착각할지 모르나 그런 비난과 욕설이 들어 있는 한 아버지의 말이 권위를 가질 수 없다.

"넌 안 돼, 하지마."와 "넌 할 수 있어, 걱정 말고 해, 아버지가 도와줄게." 이 말은 누구에게나 중요한 결과 차이를 가져오는 말이지만 이 말을 아버지가 할 때 그 파급력은 더 크다. 아이에게 아버지는 정신적 지주이기 때문이다.

아이가 일찍부터 아버지를 좋아하고 따르게 되면 사춘기에 방황이나 갈등을 할 때도 아버지의 도움을 쉽게 구하게 되고 그로 인해 질풍노도의 시기를 조금이라도 쉽게 넘길 수 있다.

그러나 아버지가 어머니를 무시하거나 함부로 대할 경우, 아들은 커서도 똑같은 전철을 밟게 되고 딸은 남자에 대한 혐오감을 배우게 된다. 아버지가 아버지로서 자신을 돌아보기 위해서는 자신이 보아 온 아버지의 모습도 함께 살펴봐야 한다. 이 두 가지는 긴밀하게 연결되어 있기 때문이다. 다음의 등식은 아버지인 자신과 자신의 아버지를 긍정적(+)으로 보느냐 부정적(-)으로 보느냐에 따라 네 가지 유형으로 나눈 것이다.

구 분	나(아버지)	나의 아버지	비고
제1유형	긍정적(+)	부정적(-)	보통
제2유형	부정적(-)	긍정적(+)	보통
제3유형	부정적(-)	부정적(-)	아주 나쁨
제4유형	긍정적(+)	긍정적(+)	아주 좋음

제1유형은 자신은 긍정적인(+) 아버지의 역할을 하고 있지만, 자신의 아버지에 대한 이미지는 부정적(-)이다.

어릴 때부터 부정적인 아버지의 모습을 보고 자란 아이일수록 자신이 아버지가 되면 그동안 받지 못한 사랑의 굶주림을 대물림하지 않고 정반대의 모습을 보여주려고 부단히 노력하며 자기최면과 자기통제 의식이 강하다.

이런 유형은 희생과 헌신이 따르지 않는 한 자신이 받은 아버지에 대한 부정적인 이미지를 그대로 흉내 내거나 오히려 더 부정적인 방법으로 확대시킬 위험이 있다. 자신의 굶주린 사랑을 자녀에게 채워 주려는 지나친 욕심 때문에 과잉 보호와 무절제한 관심, 사랑의 표현이 오히려 아이를 약하게 만드는 경우도 쉽게 볼 수 있다.

지속적으로 긍정적인 아버지의 역할을 감당하려면 아버지에 대해 해결되지 않은 감정을 꺼내어 용서하는 과정이 필요하다. 그렇지 않으면 자신의 주장이 곧 법이라고 생각하며 일방적인 훈육을 고집하게 될지 모른다. 적당한 역할 모델이 없기 때문에 마치 계급 사회에서 상사의 명령에 복종하는 것처럼 무조건 아버지만 믿고 따라오기를 강요하기도 한다. 자신 속에 있는 아버지에 대한 부정적인 이미지를 재연하지 않기 위해서 철저하게 이성적으로만 판단하려는 노력이 이런 결과를 부르는 것이다. 아이에 대한 신뢰감이 부족해 오해와 갈등의 골이 깊어질 위험도 있다.

제2유형은 자신은 부정적인(-) 아버지의 역할을 감당하는 반면, 자신의 아버지에 대한 이미지는 긍정적(+)이다.

비록 스스로에 대해 부정적으로 평가를 내리고 있지만, 아버지에 대한 긍정적인 이미지가 반영되는 한 얼마든지 좋은 아버지가 될 수 있다. 아버지에 대한 긍정적인 이미지를 형성하고 있다는 것은 자기도 그렇게 되고 싶다는 무의식적 소망이 내면에 있다는 뜻이다.

대다수의 아버지는 훌륭한 아버지가 되기 위한 계획에 따라 체계적으로 만들어진 것이 아니라, 어떻게 하다 보니 어느 날 갑자기 아이가 태어나 아버지가 된 갑작스러운 경험을 안고 있다. 이런 유형은 자기가 아버지로부터 받은 긍정적인 이미지를 자기도 모르게 자식에게 더 좋은 것으로 물려줘야 한다는 생각을 하고 있지만, 어떻게 하는 것이 아버지로서 잘하는 것인지를 모르는 경우이다.

아이와 좌충우돌 시행착오를 겪으며 씨름하는 사이에 언제 컸는지도 모르게 훌쩍 커 버린 아이를 보게 되고, 이제는 뭔가 잘할 수 있을 것 같다고 생각할 때면 안타깝게도 이미 아이는 자기 곁을 떠나 버린 후이다. 그동안 아이가 받았을 스트레스와 심각해진 가족 구성원간의 관계를 돌아보며 가슴에 지울 수 없는 상처를 남기는 경우도 있다.

많은 아버지를 상담하면서 그들이 가장 궁금해 하는 것은 'When and How'라는 것을 알았다. 즉 아버지들은 무엇을 언제 어떻게 해야 하는지를 잘 모른다.

그러나 이런 유형의 아버지들은 적어도 스스로 자기 잘못을 알고 이를 개선하고자 노력하려는 마음과 행동의 준비는 되어 있다. 이런 사람들은 '아버지 학교' 같은 곳에서 참된 아버지의 모습을 배운다면, 거기서 새로운 자신의 모습을 발견하는 행복을 얻게 될 것이다.

단순하게 생각하면 제1유형보다 훨씬 상대방을 배려하는 것처럼 보이지만, 자기 정체성을 형성하는 과정의 아이에게는 혼란을 가중시키고 무조건적인 방임으로 확대될 수 있다. 아버지가 일정한 방향성을 제시하기보다 일방적으로 아이에게 끌려다니는 형태이다. 아이가 원하는 것은 무조건 다해 주는 편이다 보니 오히려 아이는 상황 판단 능력이 부족하여 상대방에게 일방적인 희생만 요구하는 사람으로 클 수 있다.

제3유형은 자신도 부정적인(-) 아버지의 역할을 감당하지만, 자신의 아버지에 대한 이미지도 부정적(-)이다.

네 가지 유형 중에서 가장 나쁜 유형이다. 사람은 자신이 부정적인 감정을 갖고 있는 한, 상대방에 대해서도 부정적인 감정을 가질 수밖에 없다. 대개 그런 부정적인 감정을 갖게 되는 것은 1차적으로 성장 과정에서의 아버지에 대한 부정적인 이미지와 나쁜 기억들을 마음속에 그대로 방치했기 때문이다. 적절한 치료 시기를 놓쳐서 이를 악화시킨 탓이다.

흔히 부정의 부정은 강한 긍정이라고도 하지만, 이 경우는 오히려 부정의 제곱이 된다. 이런 유형의 아버지들은 자신이 나쁜 아버지라고 인식은 하지만 이에 따른 책임 의식도 없고 자녀에 대한 관심도 보이지 않는다. 아버지에 대한 부정적인 생각으로 인해 사회에 대한 인식 역시 부정과 편견으로 가득 차 있고, 자녀를 애물단지로 여겨 애정 표현에 인색하다. 그냥 어쩔 수 없이 함께할 뿐이라고 생각하며, 오히려 자신을 피해자로 여긴다.

돈을 벌어 오고 자식들을 굶주리게 하지 않는 것이 아버지로서 짊어져야 할 모든 의무이자 역할이라는 오해 속에 빠져 산다. 극단적일 경우 이 역할마저 감당하려 하지 않거나 아이가 생긴 데 따른 모든 책임을 아내에게 돌리고 아이뿐만 아니라 아내와의 관계에서도 철저하게 자기중심적인 태도를 취하며, 자기 외에는 가족 누구에게도 관심을 보이지 않는다.

자신의 철저한 고립을 문제 삼지 않고, 주변 사람들이 자기로 인해 힘들어 하는 이유를 이해하지 못하며, 감정의 교류를 인정하지 않아 자기와의 대화마저 거부한다. 매사가 부정적인 감정 속에 빠져 있어 언제 어떻게 폭발할지 모르는 시한 폭탄과도 같은 유형이다.

이런 환경에서 자란 아이는 자신의 존재 의미를 부과하지 않으며, 모든 것이 자기파괴적이고 부정적인 생각으로 가득하다. 자기도 힘들어 하면서 상대방이 힘들어 하는 것 자체가 당연한 것으로 여긴다. 자신이 괴롭힘을 당하는 만큼 상대방 역시 그 이상의 괴롭힘을 당해야 한다는 생각 때문에 상대가 힘들어 하고 괴로워 하는 모습에 비정상적인 쾌감을 느낄 정도로 심리적으로 건강하지 못하다.

성장 과정에서 아버지로부터 "너는 아무것도 할 수 없다. 너 같은 것이 뭘 할 수 있겠니!"라는 식의 자기패배적인 말을 많이 듣고 자란 아이일수록 이런 유형에 속하기 쉽다. 아버지로부터 "너도 할 수 없고, 나도 할 수 없다."는 상호 부정적인 사고를 이어받아 칭찬보다 질책과 비난에 익숙해져 있다.

극단적으로 가정 불화나 자기 사업이 힘들고 어렵다는 이유로 가족 모두를 승용차에 태운 채 바닷물 속으로 빠져들거나 약물을 복용하고 동반자살을 했다는 뉴스가 그런 예이다. 나도 죽고 너도 죽자는 막가파식의 공동 파멸 의식이다.

제4유형은 자신도 긍정적인(+) 아버지의 역할을 감당하고, 자신의 아버지에 대한 이미지도 긍정적(+)이다.

아버지에 대한 긍정적인 이미지를 갖고 있는 아이는 부정적인 이미지로 가득한 아이보다 정신적으로 건강하고 사회적 역할을 감당함에 있어서도 적극적이고 진취적이다.

자신의 아버지를 통해 대인 관계의 긍정적인 영향을 받았기 때문이다. 물론 부족하고 잘못하는 부분이 있겠지만, 잘못하는 것과 부정적인 이미지 자체는 다르다. 제아무리 유능해도 부정적인 사고로 가득 찬 사람보다는 비록 능력이 부족하더라도 긍정적인 신념을 가지고 있는 사람이 성공할 가능성이 높다. 이런 사람은 언젠가는 부정적인 것을 긍정적으로 바꿀 수 있다.

이런 유형은 좋은 아버지의 이미지가 자신 속에 각인되어 자신도 아버지로서의 기능과 역할을 감당하리라는 마음의 준비를 하고 있다.

결국 자녀는 아버지가 가정의 중심에 서 있느냐 그렇지 않느냐에 따라 자신의 정체성을 찾거나 대인 관계를 형성하는 과정에서 중요한 영향을 받게 된다.

바로 지금 아이의 양육에 참여하라

아이의 발달 과정에서 단계별로 아버지의 역할이 얼마나 적절하게 개입했느냐에 따라 아이의 감정 조절 능력은 달라진다. 평소에는 아무런 역할도 하지 않다가 어느 날 훌쩍 커 버린 아이에게 아버지가 훈계를 한다면, 아이는 이를 받아들이지 않는다. 발달 과정에서 아버지의 적절한 훈육이 없는 상태에서 감정을 표출하는 능력을 형성하지 못했기 때문이다.

감정을 긍정적으로 표출하려면 1차적으로 가족 간에 친밀감이 형성되어야 한다. 특히 아버지와 좋은 관계를 맺지 못한 아이는 또래와의 관계에서도 자기중심적이고 이기적인 반응을 보일 수밖에 없다. 아버지의 모습은 남자아이나 여자아이 할 것 없이 자녀들에게 자신의 정체감을 형성하는 데 매우 중요한 영향을 끼친다.

남자아이는 아버지를 남성의 모델로 삼을 것이며, 여자아이는 아버지가 어머니를 대하는 모습을 통해 남성에 대한 가치관을 형성하게 된다. 아버지가 여성을 존중하고 사랑하고 보호해 주는 모습을 보고 자란 여자아이는 아버지와 같은 이미지의 남자 친구를 찾게 된다. 반면에 아버지의 여성 비하, 가정 폭력, 인격적인 모독, 이해할 수 없는 부정적인 행동에 노출된 여자아이는 남성 자체를 혐오하여 결혼을 '미친 짓'이라고 생각하거나 남성 기피 현상을 초래하게 된다.

아버지들의 잘못된 생각 자체가 그 어떤 것보다 중요한 아버지의 그 기능과 역할을 축소·왜곡시키고 있다. 아버지가 '돈만 벌어다 주는 사람'으로 인식되어서는 곤란하지만 많은 아이가 그렇게 생각하고 있고, 아버지 역시 그 역할이 전부인 줄 잘못 알고 있다. 교육은 당연히 어머니의 몫으로 생각하고 아버지가 개입하는 것 자체를 이상하게 생각한다. 그러나 분명한 사실은 아버지의 합리적이고 이성적인 교육적 가치관과 인성에 대한 것들이 어머니의 애정과 함께 스며들지 않는 한 결코 균형적인 조화를 이룰 수 없다는 점이다.

자녀 교육이 어머니의 전유물처럼 여겨지고 아버지는 돈 벌어 주고 집에 와서 잠만 자고 가는 하숙생처럼 비쳐지는 모습이야말로 아버지 삶의 고통을 가중시키는 것임을 간과해서는 안 된다. 지금까지 아버지와 아이가 함께 있는 것 자체가 서로에게 부담스러운 일로 여겨지는 것이 당연시 되지는 않았는지 우리 모두가 다시 생각해 볼 일이다.

아버지의 삶이 생략된 자녀 교육은 자녀가 현실을 왜곡되게 받아들이고 자신의 감정마저 통제할 줄 모르도록 만든다. 자녀가 일으키는 많은 문제들은 그동안 생략된 아버지의 역할과 기능이 만들어 낸 종합적인 결과이다. 이제 아버지에 대한 기능과 역할 자체도 지속적인 훈련과 노력이 필요한 때이다.

06 어머니는 아이에게 필요한 정서의 원천이다

한창 재롱을 떠는 아이에게 "엄마가 좋아, 아니면 아빠가 좋아?" 하고 물어보면 처음에는 무조건 엄마가 좋다고 대답했다가 점점 자라면 묻는 사람의 의도에 따라 다르게 대답한다. 아빠가 물어보면 아빠가 좋다고 했다가, 엄마가 물어보면 엄마가 더 좋다고 대답하고, 나중에는 엄마 아빠 둘 다 좋다고 말한다. 별것 아닌 일이지만 이런 데서 아이가 부모의 기능과 역할을 구별하여 이해하고 있음을 보게 된다.

그런데 정작 대부분의 엄마들은 아빠보다 엄마가 더 좋다는 대답을 듣고 싶어 하는 것 같다. 어쩌면 엄마의 역할과 기능이 아빠의 기능과 역할보다 더 많고 중요하다고 스스로 생각하거나 그런 생각을 아이에게 심어 주고 싶은 모양이다.

물론 아이의 성장 발달 과정에서 엄마의 역할과 기능은 아빠와 비교할 수 없을 만큼 커서 하나에서 열까지 엄마의 손길이 필요하지 않는 것이 없다. 제아무리 자상한 아빠라 해도 엄마의 손길에 비해 아이를 대하기에는 절대적으로 부족하다.

개인적으로 최근 1년 동안 아이와 함께 미국생활을 하면서 아이에게 엄마가 얼마나 중요한지 새삼 깨닫게 되었다. 나름대로 최선을 다한다고 했지만 엄마의 기능과 역할을 해내기에는 역부족이었다. 그러나 엄마의 기능과 역할이 아무리 크더라도 아이의 성장 발달 단계에 따라 엄마와 아빠가 개입할 시기나 처리할 과제가 다르다는 것은 분명한 사실이다. 엄마가 아빠의 기능과 역할까지 모두 대신할 수는 없다.

따라서 엄마의 역할과 기능은 아이의 성장 과정에 따라 단계별로 구별된다. 유아기, 아동기, 청소년기를 거치는 동안 얼마나 이를 효율적으로 잘 감당하느냐에 따라 아이가 심리적, 정서적으로 보이는 반응이 다르다.

엄마와 아이의 관계는 아이가 일생 동안 살아가는 데 필요한 정서를 충족시켜 주는 원동력이다. 아빠가 위압적이거나 권위적이더라도 엄마는 절대 위압적이면 안 된다. 간혹 부모의 역할이 바뀌어 아빠가 양육적이고 엄마가 권위적, 위압적인 경우도 있는데, 이럴 경우 아이가 성역할에 대한 혼란을 느낄 수 있다.

아이가 초등학교에 입학하기 전까지 아이와 엄마의 관계는 절대적인 관계다. 아이는 자아를 만들어 가는 과정에서 엄마를 통해 모든 필요를 충족시킨다. 거의 일방적인 관계라고도 할 수 있다. 그래서 엄마가 정서적으로 안정된 모습을 보여야 아이의 정서도 편안하게 성장할 수 있다.

정서적으로 안정되지 못한 엄마의 유형 중 대표적으로 '아이를 숨 막히게 하는 엄마'를 들 수 있다.

아이를 위한다는 일념에 사로잡혀 아이에 대한 생각이나 걱정, 근심, 불안을 잠시도 내려놓지 못해 아이에게 집착하는 유형이다. 당연히 자신의 행동이 아이에게 걸림돌이 된다는 생각도 못한다. 아이는 성장에 비례해 스스로 자립심을 키우고 자율성, 독립성 등을 향상시켜 나가야 하는데 엄마가 그 역할을 대신 하려 안달하며 아이 스스로 성장하는 것을 막아서는 것이다. 이런 엄마들은 아이가 실수를 통해 행동을 반성할 수 있는 기회까지 막고 있다. 어린 시절에 아이가 직접 경험해야 할 힘들고 어렵고 불편한 모든 상황을 엄마가 대신 정리하고 경험해 주는 셈이다.

다소 비약하자면 아이가 걷는 도로에 양탄자라도 깔아 주고 싶어 하는 스타일이며 아이가 학교에서 야단을 맞았거나 손바닥이라도 몇 대 맞고 오면, 분에 차서 견디지 못하고 교사에게 전화하는 것은 물론 교육청에 징계 건의를 올리기도 하는 엄마가 바로 이런 유형이다.

엄마의 의도는 좋았다 할지라도 이런 행동은 아이의 정서와 심리적 발전에 오히려 악영향을 미칠 수 있다. 그런데 정작 이런 엄마는 왜 자신의 문제를 알아채지 못하는 걸까?

그것은 아이를 자신의 분신이나 대리인으로 생각하기 때문이다. 아이와 자신을 분리하지 못하는 것이다. 오로지 아이를 통해 자신의 개인적 욕구를 충족시키려 하며, 이런 엄마는 대개 어린 시절의 어느 특정한 시간에 성장이 멈춰져 있거나 정서적으로 매우 허기진 상태이다. 자식을 통해 자신의 생략된 어린 시절을 다시 사는 것이다. 공부를 못해 부모로부터 인정받지 못하고 사랑받지 못했던 자신의 어린 시절을 자식을 통해 보상받으려 하고, 경제적인 어려움으로 누리지 못했던 것을 자식에게 경제적으로 모든 걸 다 해주는 것으로 보상받으려 한다. 얼굴이 못 생겨서 친구들의 관심을 얻지 못했던 어린 시절을 딸의 얼굴을 성형시켜서라도 다시 보상받으려 한다.

아이를 되도록 좋은 환경에서, 더 나은 삶을 살도록 키우는 것이 나쁘다는 말은 아니다. 그러나 그것이 온전히 아이의 삶을 위한 것인지, 아니면 자신의 왜곡된 보상심리에서 나온 것인지 냉정히 따져봐야 한다는 것이다.

이런 부모는 아이가 다른 도시나 외국으로 유학이라도 가게 되면, 모든 것을 잃어버린 것 같은 심각한 빈 둥지 증후군을 겪게 된다. 자신의 인생을 산 것이 아니라 아이를 통한 인생을 살았기 때문에 생기는 증상이다.

물론 함께 산다고 언제나 행복한 것도 아니다. 아이를 자기 손아귀에 넣고 조정하려 하기 때문에 아이가 조금만 자기의 계획에서 벗어나도 그것을 참지 못한다. 그러나 아이는 나이가 들수록 엄마의 지나친 통제에서 벗어나려고 하기 마련이다.

결국 아이는 엄마로부터 벗어나려고 점차 위협적인 성격으로 바뀌고 엄마는 그것을 억누르기 위해 더 고함을 치며 폭력적인 모습으로 변해 갈 뿐이다.

어머니는 준비되어야 한다

어머니는 하루아침에 그냥 만들어지지 않는다. 어머니가 되기 위해 무엇을, 언제부터, 어떻게 준비했느냐에 따라 아이의 양육 방법과 형태가 다를 수밖에 없다. 그렇다면 어떤 준비를 해야 할까?

우선 어머니다운 어머니로 성장하려면 마음과 행동의 준비가 필수이다. 그리고 어머니가 되는 교육에 대한 인식과 기능, 역할 관계를 파악하는 것이 아이를 건전하고 건강하게 길러 내기 위해 어머니가 가져야 할 태도이다.

만약 임산부가 질병에 걸렸다면 태중에 있는 아이에게 그 병이 그대로 옮겨질 확률이 매우 높다. 그러나 이런 질병은 사전에 임상병리 검사를 한다면 충분히 확인하고 조치를 취할 수 있다.

흔히 태교 과정부터 임산부가 생각하거나 행동하고 말하는 것이 태아에게 영향을 끼치지만 특별히 충격적인 일이 아니고서는 태아의 정서에 부정적인 영향을 크게 주지는 않는다.

그러나 불행하게도 임신 중에 정서적으로 충격적인 일을 당하거나 정신적인 충격에 휩싸이면, 태아에게는 큰 충격을 안겨 주게 되어 출산

후에도 아이는 정상적으로 성장하기보다 심리적 이상 반응을 일으키는 경우가 많다.

게다가 최근에는 대수롭지 않게 여기는 음주, 흡연 또는 치료 목적을 위한 약물 복용 등으로 이상 반응을 일으켜 정상아를 출산하지 못하거나 스트레스로 인한 영향이 태아에게 고스란히 전달되는 경우를 자주 보게 된다. 이러한 부정적 결과를 예방하려면 결혼 과정에서부터 출산 계획을 미리 세우고 철저한 준비를 해 둘 필요가 있다.

양가 부모의 합의하에 모든 사람의 축복 속에 결혼을 한다면 불필요한 정서적 부담을 덜 수 있고, 부부간에 충분한 합의가 이루어진 다음 계획적인 임신을 한다면 임신에 따른 불안이 최소화될 것이다.

임신 자체가 부부의 합의와 기다림의 결과로 이루어져야지 전혀 준비되지 않은 상태이거나 원치 않는 임신으로 어쩔 수 없이 출산한다면 서로가 불행해질 수밖에 없다. 어머니는 아이로 인한 불행만을 생각하겠지만, 그런 어머니의 손에 키워지는 아이는 어머니가 받게 될 그 이상의 스트레스를 견디며 자라야 한다. 그 상태가 지속된다면 언젠가 자기 자신은 이 세상에 태어나지 말았어야 할 존재라고 여기며 자괴감 속에서 비관적으로 살아가게 될 확률이 높다.

어머니의 역할도 발전하고 있다

세상이 변하는 속도에 맞춰 어머니의 역할도 발전하고 있다. 요즘은 아이를 돌보는 데 있어 단순히 보호하는 것뿐 아니라 아이에게 동기를 부여하고 자신의 삶을 직접 끌어갈 수 있도록 돕는 '매니저 앤드 매니지먼트(manager & management)'의 역할과 기능이 어머니에게 요구되고 있다.

물론 이것은 부모의 욕심이나 희망 사항을 충족시키기 위한 것이 아니라, 아이 중심에서 아이와 함께 자신의 미래를 생각하고 계발해 나가기 위한 것이다.

제아무리 훌륭한 매니저라고 해도 매니저로서의 역할과 기능만 감당할 뿐, 주인공의 역할은 결코 대신할 수 없다. 다시 말해서 아이의 인생을 어머니가 통제하고 담보하는 것은 옳지 못하다.

이제는 변화된 어머니의 기능과 역할이 필요하다. 유·초등 과정에서는 학습에 대한 기본적인 지식 습득도 중요하지만 성격과 인격 형성을 위한 모델적인 삶을 보여주는 것이 더 중요하다. 부모를 전적으로 모방하는 유아기의 행동 양식을 볼 때 열 마디의 말보다는 한 번의 행동이 효과적이기 때문이다.

물론 앞서 설명했듯이 어머니의 역할과 기능은 아이의 성장 속도에 비례하여 점차적으로 줄어드는 대신 아버지의 역할과 기능이 보충되어야 한다. 그러나 이것은 어디까지나 아이의 독립적인 행동이 자리 잡을 수 있도록 도와주는 수준이다. 역설적으로 이는 어머니의 역할이 그만큼 중요하다는 뜻이다.

아이는 모든 것을 느낄 수 있다

태어난 지 얼마 되지 않은 아이는 아무것도 모를 것이라 착각하는 어머니가 많은데, 표현만 못할 뿐 한 인간으로서의 기능과 역할은 출생과 함께 시작된다.

보고, 듣고, 배우고, 느끼며, 경험한 모든 것들을 긍정적인 것과 부정적인 것들을 명확히 구분하여 기본적인 틀을 만드는 작업 재료로 적용하고 있다. 모든 감각과 지각이 발달하고 성장하는 과정 속에 있기에 아이에게는 1차적으로 만나는 어머니와의 관계가 매우 중요하다. 어머니와의 관계는 인간에 대한 기본적인 신뢰와 불신을 배우는 직접적인 계기가 되며, 어머니로부터 받는 사랑과 어머니에게 느끼는 욕구 충족이나 불만은 성격 형성의 원동력이 되기 때문이다.

언젠가 미국의 FBI(연방수사국) 심리분석관이 20여 년 동안 범죄 현장에서 만난 연쇄 살인범들을 면담하며 느낀 공통점을 밝힌 책을 읽은 적이 있다. 중요한 사실은 엽기적인 범죄를 저지른 범죄자들이 하루아침에 어떤 충동에 의해 사건을 저지르지는 않는다는 점이다. 그들은 대개 어린 시절의 가정환경이 불우했고 특히 어머니와의 관계가 부정적이었다고 한다.

그것뿐인가. 극심한 체벌과 정서적인 불안과 분노를 경험한 적이 많았다. 컴컴한 지하실이나 차고 같은 곳에 갇혀 극도의 공포와 함께 복수심을 경험했던 것이 훗날 범죄의 씨앗이 되었다.

체벌과 채찍, 분노 폭발 같은 자극은 일시적인 정신적 충격을 가하기 때문에 자칫하면 이때 고착된 부정적인 마음이 평생 자기 안에서 살아갈 위험이 있다.

어떤 어머니는 "저런 것을 낳지 말아야 했는데, 그때 낙태하려다가 실패해서 네가 태어났다."는 극단적인 말도 서슴지 않는다. 자신이 이 세상에 태어나지 말았어야 할 존재라고 생각하게 된 아이의 삶이 행복할 수 있을까.

아이를 잘 키우고 싶다면 무한한 사랑과 신뢰를 주어야 한다. 그러려면 자주 안아 주고 사랑한다고 말해 주는 것이 가장 좋다. 신체 접촉은 마음에 깊은 안정감을 주기 때문이다.

아버지가 정신적 지주라면 어머니는 마음의 고향이 되어야 한다. 언제고 포근하게 아이를 안아 주고 이해해 줄 수 있는 역할이 바로 어머니의 진정한 역할이다.

07 부모의 열등감, 어디서부터 풀어야 할까?

친하게 지내던 여자 후배가 결혼을 한다고 청첩장을 보낸 지 몇 주 후에 다시 결혼이 취소되었다는 연락을 해 왔다.

상심이 크겠구나 싶어 일부러 연락도 없이 지내다 나중에서야 후배를 만나 자초지종을 듣게 되었다. 이유는 혼수 문제였다. 시댁에서 혼수를 지나치게 요구해 와 준비 과정에서 계속 갈등을 겪다가 결국 결혼 일주일을 앞두고 후배가 먼저 파혼을 결심하게 되었다고 한다. 그렇게 되기까지는 중간에서 제 역할을 못한 예비 신랑에 대한 실망감도 크게 작용했다.

"뭐든지 자기 부모 위주, 자기 위주로 생각하고 저의 입장은 하나도 고려해 주지 않더라고요. 무조건 저보고 참고 희생하라는 남자와 어떻게 평생을 살 수 있겠어요. 지금이 조선시대도 아닌데."

정상적인 범주에서 벗어나는 희생을 요구하는 사람들이라면 가족으로 인연을 맺을 수 없다. 아주 많은 연인들이 결혼 문제로 인해 이별에 다다른다. 결혼을 준비하면서 예단이나 예물 등의 혼수 문제로 갈등을 겪는 것도 따지고 보면 열등감 때문이다.

열등감에 사로잡힌 부모는 자식이 자기가 좋아하는 사람과 만나 결혼을 하고 행복한 삶을 살아가는 것에 관심을 두기보다는 결혼이 남는 장사인가, 밑지는 장사인가에 몰두한다. 상대 집안에서 준비한 것들이 성에 차지 않으면 '그 집에서 우리를 무시한다.'고 생각한다. 사돈이라는 인연을 맺을 사람들에게 무시당한다는 피해 의식을 느낀다는 것 자체가 바로 열등감이 아니고 무엇이겠는가.

열등감에 사로잡힌 부모는 그래서 결혼 이야기가 오가기 무섭게 바둑을 두듯 묘수를 계산하고 또 계산한다. '내가 여기에 두면 너는 여기에 두겠지.' 하듯이 '내가 얼마를 보내면 네가 얼마를 보내겠지.' 하고 계산하는 것이다. 최종적으로 자신이 얼마나 이득을 볼 수 있을지 치밀하게 계산하여 결혼에 임한다. 이러니 이들의 목적은 오로지 경제적 효용 가치와 자존심이라고 착각하는 욕심에 있을 뿐 정작 자식들의 행복 따위에는 관심이 있을 수가 없다. 이런 부모를 둔 아들이나 딸과 결혼을 했다가는 결혼 후에 또 다른 양상으로 표출되는 열등감 때문에 시달림을 받게 될 것이다.

이 문제의 중심에는 열등 부모만 있는 것이 아니라 열등 예비 신랑과 열등 예비 신부가 있다. 부모의 생각과 행동이 잘못된 것이라는 사실을 알면서도 이 상황을 해결할 능력도, 여기에서 독립할 능력도 없는 결혼 당사자야말로 열등감으로 가득 차 있는 존재다.

결혼 준비에서 나타나는 열등감은 어쩌면 그리 큰 문제가 아닐 수도 있다. 정말 문제는 결혼한 뒤에 본격적으로 발휘되는 열등감이다.

결혼생활이라는 것은 매우 구체적이고 일상적인 것이라 연애 시절에는 결코 보지 못했던 그 사람의 진면목을 보게 된다. 당연히 열등감에 사로잡힌 사람들은 배우자에게 열등감을 금세 들키고 만다.

중요한 것은 부부 관계에서 발생하는 열등감이 훗날 반드시 자식에게로 옮겨진다는 말이다. 달리 이야기하면 앞서 다루었던 수많은 열등감 부모의 사례가 이미 아이를 낳기 이전의 부부 사이에서도 드러났다는 것이다.

당연히 그럴 수밖에 없다. 열등감은 부모가 된 이후에 갑자기 생겨나는 것이 아니기 때문이다. 어린 시절 부모로부터 받은 상처 또는 잘못된 양육 때문에 생성되고 나면, 한 사람의 인생에 평생 머문다. 사춘기 시절, 성인이 된 뒤에도 해결하지 못한 열등감은 결혼 후에 고스란히 배우자에게 전달되고 아이가 태어나면 아이에게 전달된다. 물론 그 아이는 부모와 똑같은 전철을 밟게 된다. 한 집안의 유전자와 족보가 전해 내려오는 것처럼 열등감도 자손 대대로 전달될 위험이 큰 것이다.

자세한 사례를 들어보기로 하자. 한 젊은 부부가 있는데 아내에게 극심한 열등감이 있다. 그녀는 어린 시절 부모로부터 제대로 된 사랑을 받지 못한 데다 어머니가 잠깐 외갓집에 다녀온다고 하고는 그대로 집을 나가는 바람에 버림을 받았다는 피해 의식과 사람을 믿지 못하는 불신에 사로잡혀 있었다.

그녀는 남편이 저녁 약속이 있다고 하면 대략 8시부터 전화를 하기 시작한다. "지금 어디야? 누구와 있어? 뭐하고 있어?" 끊임없이 물어대고 친구와 있다고 하면 친구를 바꿔 달라고 요구한다. 어쩌다 말없이 늦으면 그날은 난리가 난다. 그녀는 누구와 놀다 왔는지 꼭 알아내야 할 뿐더러 놀았다는 친구에게 전화를 해서 다시 확인해야 직성이 풀렸다.

시간이 지나 이들 부부에게 아이가 생겼다. 그녀는 자신이 받지 못한 사랑을 아이에게는 듬뿍 쏟아 붓겠다는 생각으로 지극 정성을 쏟았다. 완전한 가정의 모습을 갖춰야 한다는 생각에 남편에 대한 감시는 더해졌다. 혹시 남편이 바람을 피워서 가정이 붕괴되지 않을까 하는 두려움이 더 커진 것이다.

그런데 아이가 자라 학교와 학원을 다니기 시작하자 그녀의 불신은 아이에게 그대로 전달되었다. 남편에게 "정말 친구와 있었어?"라고 묻던 모습 그대로 아이에게 "정말 학원 갔다 왔어? 정말 숙제 없어?"라는 질문을 던지기 시작한 것이다.

남편을 의심하는 아내는 아이도 의심하고, 아내에게 욕을 하는 남편은 아이에게도 욕을 한다. 아내에게 차가운 남편이 아이에게 따뜻하게 대할 리가 없으며, 아내를 때리던 손은 그대로 아이에게 향하게 되어 있다.

그래서 부부간의 문제는 아이를 대하는 양육의 전초전이라 할 수 있다. 뒤에서 좀 더 자세히 다루겠지만 부부 관계를 먼저 개선하지 않고는 제대로 된 양육을 할 수 없다. 부부간의 열등감을 해소하지 않고 자식에게 자신감을 불어넣어 준다는 것은 사실상 임기응변에 불과하다.

3장 열등감 부모에서 탈출하는 7가지 열쇠

인정받고 성공하려는 욕망과 자아 성취 욕구는 자신감에서 오는 것이다. 굳이 말해 주지 않아도 누구나 스스로 자신의 가치를 깨닫고 자신이 가진 능력을 더 알고 싶어 하는 시기가 있는데 이 시기에 부모가 아이에게 자신감을 줄수록 아이가 건강하고 행복하게 자란다.

그런데 이 시기를 놓치지 않고 부모가 제대로 교육하기 위해서는 먼저 부모 스스로 자신감을 회복해야 한다. 자신감은 곧 능력이고 능력 있는 사람만이 다른 이에게 그 에너지를 나눠 줄 수 있기 때문이다. 부모가 바로 서지 않으면 아이는 긍정적인 힘을 그 어디에서도 얻을 수 없다.

3장에서는 부모가 열등감에서 벗어나는 방법을 다뤘다. 열등감에서 벗어나 어떻게 부모의 역할을 확립해야 하는지, 또 아이와의 갈등은 어떻게 풀어나가야 하는지 그 해답을 제시하고자 한다.

01 첫 번째 열쇠: 부모의 역할을 정립하라

"당신이 아버지로서 한 게 뭐가 있어?"

"엄마라는 사람이 애가 그 지경이 되도록 몰라?"

부부싸움에서 흔하게 등장하는 레퍼토리다. 아버지, 엄마, 합해서 부모로서 꼭 해야 할 일은 대체 무엇일까? 말은 쉽게 하지만 부모의 역할에 대해 제대로 알고 있는 부모가 얼마나 될까?

"아이가 공부 잘할 수 있도록 최선을 다해 뒷바라지 하는 것이 부모의 역할 아닌가요?"

전교 1, 2등을 다투는 아들을 둔 정훈이 어머니가 한 말이다. 정훈이는 학업 스트레스와 심리적 부담감이 컸지만, 어머니 이야기대로라면 어머니 본인은 누구보다 부모의 역할을 잘해내고 있는 중이었다.

그런데 정훈이의 의견은 달랐다.

"엄마가 하는 일이 뭐가 있어요. 그 정도는 당연히 하는 거 아닌가요?"

정훈이에게 어머니는 아침이면 학교까지 태워 주고 저녁이면 학원으로 데리러 오고, 본인이 과외 받는 동안 대기하고 있다가 간식을 챙겨 주는 존재에 불과했다. 어떤 대학에 갈 것인지는 선생님과 상의하고 어떻게 살아갈 것인지는 친구들과 의논했다.

어머니와 나누는 이야기란 문제집 사고 간식 사 먹게 돈 달라는 이야기와 '운동화 좀 빨아 달라, 몇 시에 깨워 달라' 같은 것뿐이었다.

어머니는 본인이 하고 있는 행동이 아이를 위한 최선의 뒷바라지라 생각하고 있었다. 물론 어머니의 그런 노력이 없었다면 정훈이도 그렇게 마음 편히 공부하는 것이 힘들었을 것이다. 그러나 문제는 정훈이가 그걸 모르고 있다는 것이다. 모르고 있을 뿐만 아니라 그것을 원하지도 않았다.

"엄마가 안 태워 줘도 되는데 한사코 태워 준다니까 할 수 없이 타고 다니는 거예요. 옆에서 계속 잔소리만 하니까 아침저녁으로 저도 피곤하다고요."

부모들은 공부 잘하는 아이를 보면 감탄사가 절로 흘러나오고, 기대만큼 따라 오지 못하는 아이를 보면 '왜 우리 아이는 이 정도밖에 안 되는가' 하며 절망감을 느낀다. '학교에서는 낙제생으로 무시당하고, 애들한테는 왕따당하고, 영영 무능력한 인간으로 사회에 나가서 직업도 못

얻고, 무시당하며 살지나 않을까…….' 부모는 아이의 미래에 대한 온갖 불행한 상상을 하게 된다. 그 때문에 부모는 자녀가 입시를 마칠 때까지 항상 두려움 속에 집행유예와 같은 삶을 살게 된다. 그러나 정훈이 같은 아들은 대학에 들어가게 되면 그날부터 어머니와는 화성과 금성처럼 멀어질 가능성이 농후했다. 지금이야 할 수 없이 어머니의 자잘한 보살핌에 의존하고 있지만 그것이 별것이 아니라고 느끼고 있으니 대학에 들어가면 어머니로부터 해방되는 데 전력을 기울일 것이다.

결국 세월이 지나 정훈이 어머니는 자신이 아이에게 바친 시간을 후회할 날이 올 것이다. 친구 한번 못 만나고 아이의 학교와 학원을 오가며 보낸 시간과 공부에 방해될까 봐 TV 드라마 한 편 못 보고 아이 방문 밖에서 숨죽인 시간이 아까워 가슴을 치게 될지도 모른다.

부모의 진짜 역할을 보여주지 못하면 그 밑에서 자란 아이조차 피해자가 된다. 아마도 정훈이는 엄마의 그런 모습을 싫어하면서도 정작 배우자를 선택할 때는 엄마처럼 자신을 졸졸 따라다니며 무조건 헌신해 줄 사람을 원할 것이다.

상대방을 배려하고 이해해 주기보다는 자신이 엄마에게 요구한 것 이상으로 일방적인 헌신을 요구하게 될 확률이 높다. 하지만 현실이 어디 그런가. 정훈이가 만날 배우자 역시 정훈이처럼 자라왔을 것이 뻔하니 결국 이런 아이들이 만나면 서로가 서로에게 요구만 하다 결혼생활이 파국을 맞을 가능성이 크다.

바르고 균형 잡힌 부모의 역할 보여주기

그렇다면 올바른 부모의 역할이란 무엇일까? 아이가 '우리 부모님처럼 살아야 하는구나.'라고 생각하게 만드는 그런 부모의 역할은 대체 어떤 것들일까?

1. 부모는 아이에게 바른 것을 가르치는 역할을 해야 한다

부모의 가르침은 학교 교육 이전에 아이의 모든 인성을 결정하는 기준이 된다. 부모가 무엇을 어떻게 가르쳤느냐가 결국 아이의 사고의 폭을 만들고 그것이 학교라는 공동체 속에서 의사가 되고 행동이 되어 나타난다.

삶에 대한 이미지, 이성에 대한 태도, 자기 자신의 존재감 등이 모두 부모의 가르침을 통해 형성되는 것이다. 바른 것을 가르치는 것이 아니라 부모의 욕심만 강조하게 되면 아이는 왜곡되거나 삐뚤어진 사고를 갖게 되고 이후 학교에서 아무리 이것을 바꾸려 해도 전체를 고치기는 힘들어질 것이다.

학교 교육은 가정에서 이미 만들어 놓은 큰 틀 속에 학문적인 지식을 채워 가는 인테리어 과장일 뿐 근본적인 틀 자체를 바꿀 수는 없다. 아이 정신 구조의 골격은 부모의 가르침이다. 빈방을 무엇으로 어떻게 채우느냐에 따라 느낌이 달라질 수는 있어도 집의 구조 자체를 변경할 수는 없는 것처럼 이 골격을 바꾸어 놓을 수는 없다. 가정교육은 그만큼 중요하다.

2. 부모는 아이에게 균형과 조화를 보여주는 역할을 해야 한다

이제 고등학생인 아이가 모든 사물을 부정적으로만 바라본다며 속상해 하는 부모가 있다. 자식에게 "대체 너는 왜 그렇게 매사가 부정적이니?" 하고 물어본 적도 있다고 한다. 아이에게 그런 질문을 던지기 전에 부모는 그 태도가 자신에게서 나온 것이 아닌지 먼저 돌아봐야 한다.

대부분의 부모가 '친구를 잘못 사귀어서'식으로 이야기를 하는데 진짜 문제는 언제나 부모로부터 야기되는 것이다. 아이가 긍정적인 사고, 균형 잡히고 조화로운 사고를 하기 바란다면 부모가 먼저 그런 모습을 보여주면 된다. 또 한 가지 한 부모 가정이 아닌데도 부모 중 한 사람만이 아이의 교육을 전적으로 담당하고 나머지 한 사람은 방관할 경우, 아이의 삶에 균형과 조화가 깨어질 수 있다는 것을 기억해야 한다.

SBS 방송의 〈우리아이가 달라졌어요〉에 등장하는 문제 유형을 살펴보면 대부분 아버지가 아이 교육에 지나친 방관자이다. 분명히 아버지는 아버지인데 집에 오면 게임만 하고 잠만 잔다면, 그런 아버지를 통해 아이가 균형과 조화를 배울 수 있을까? 아버지라는 자리 자체에 큰 구멍이 나 있으면 편식을 하는 것과 마찬가지 결과가 나타난다. 편식을 하면 영양 상태가 고르지 못하게 되는 것처럼 교육의 편식이 이뤄지면 삶을 바라보는 시각이 협소해진다.

3. 부모는 아이의 잠재 능력을 키워 주는 역할을 해야 한다

아이의 잠재 능력을 키워 주는 열쇠는 모두 세 개가 있는데, 그 첫 번째 열쇠는 부모, 두 번째는 교사, 그리고 마지막 열쇠는 아이 자신이 가지고 있다.

아이 속에 잠자고 있는 잠재 능력을 일깨우는 부모의 열쇠를 통해 그 속에 감추어진 무궁무진한 능력을 뽑아내는 것이야말로 부모의 능력이자 부모의 역할이다. 부모가 뽑아내면 교사가 계발시키고, 마지막으로 본인이 그것을 활용해야 하는 것이다.

여기서 가장 중요한 것은 부모의 열쇠이다. 모든 열쇠의 출발점이기 때문이다. 제아무리 능력을 발휘하고 싶어도 가장 기본적인 과정에서 부모가 잠재 능력을 뽑아내 주지 못하면 아이는 능력을 발휘하기 어렵고, 자신이 원하는 삶을 살기 위해 긴 시간을 돌아가야 할 수도 있다.

가끔 어떤 부모는 잠재 능력 자체를 말살하기도 한다. 아이가 노래에 재능을 보이는데도 불구하고 "너는 커서 의사가 되어야 하니까 노래는 부르지 마." 하는 부모도 적지 않다.

학업 수준이 부모 기대에 못 미친다고 해서 자식의 장래가 암울해지는 것은 결코 아니다. 아이의 성공은 결국 아이만의 영역을 찾아내어 그것을 잘 해나갈 수 있도록 잠재 능력을 일깨워 주는 부모가 있을 때 가능하다.

02 두 번째 열쇠: 부모 자신을 위한 목표를 찾아라

　수능 입시 결과가 발표되는 시점이 되면 심리 상담 횟수도 다소 늘어난다. 아마 정신과도 비슷한 양상을 겪을 것이다. 자녀가 대학에 떨어져서 우울증이 찾아왔다는 부모가 늘어나기 때문이다. 아들이 명문 대학에 합격하면 단숨에 성공한 부모가 되고 대학에 떨어지면 친구 모임조차 나가지 못하는 것이 이 땅의 대부분의 부모다. 그런 부모를 만날 때면, 늘 하는 말이 있다. "자식이 주식인가요?"
　주식 시장이 붕괴될 때마다 사람들은 극심한 쇼크와 우울증을 겪고 심지어는 자살하는 사람도 있다. 대학에 떨어진 것은 자식인데 부모에게 우울증이 왔다는 것은 주식에 베팅하듯 자식에게 베팅했다는 말이다. 아이 인생에 부모 인생을 걸었기 때문에 아이가 휘청할 때마다 부모도 같이 휘청하는 것이다.

　아이 입장에서도 이런 부모는 참 원망스러울 것이다. 부모가 괜찮다고 용기를 줘도 시원찮을 판에 부모가 먼저 자리 깔고 누워 죽네 마네 하고 있으니 아이 마음은 온전하겠는가.

　목적이 없는 부모는 아이에게 모든 것을 건다. 이렇게 아이의 인생에 함께 묻어가는 부모는, 다소 과격한 표현으로 자연사할 나이가 아님에도 불구하고 심리적 죽음에는 매우 가까이 다다랐다고 말해 주고 싶다. 자기 인생이 없으니 그것은 심리적 죽음이나 마찬가지인 셈이다.

　많은 부모, 특히 어머니들은 아이를 잘 키워 좋은 짝을 만나 결혼시키는 것이 삶의 목표라고 공공연히 말한다. 삶의 목표를 거기에 잡아 놓았으니 그 목표가 성취되고 나면 공허함이 밀려온다. 목표를 이뤄도 정작 자기 자신에게 남는 것은 없다는 것을 깨닫게 되었기 때문이다.

　며느리가 생기고 사위가 생겼다는 기쁨보다는 아들과 딸을 빼앗겼다는 상실감이 더 크게 느껴지면 어머니들은 아직 목적이 완성되지 않았다고 슬그머니 말을 바꾼다. 그리고 맹렬히 자식의 삶에 간섭하기 시작하는 것이다. 하는 말은 하나같이 똑같다.

　"내가 너 결혼시키면 두 발 뻗고 잘 줄 알았는데 너희들 사는 걸 보니까 아무래도 안 되겠다. 내가 간섭을 좀 해야겠어." 사실은 자식을 위해서 이러는 것이 아니다. 자기의 삶이 공허하니까 이러는 것이다. 그러나 자식의 삶에 간섭한다고 해서 부모의 삶이 채워지는 것은 결코 아니다. 그저 자식들의 삶만 고달파질 뿐이다.

열등감을 버리면 꿈이 찾아온다

삶의 목표를 찾기 위해서 가장 먼저 해야 할 일은 자기 존재의 가치를 발견하는 것이다. 우리 사회는 40대 중반만 되어도 자신의 삶이 이미 모두 결정되었다고 생각한다. 더 발전할 가능성이나 희망이 없다고 생각해 그 자리에 주저앉거나 서둘러 포기하고 좌절하는 이들이 많다. 50~60대가 된 뒤에도 충분히 다른 삶을 살 수 있건만 자신의 삶에 대한 패배 의식, 즉 열등감을 극복하지 못하는 것이다. 당연히 꿈이라는 단어는 책에나 있다고 생각할 뿐이다.

삶의 목표를 찾기 위해, 서랍 속에 깊이 넣어 둔 꿈을 다시 꺼내기 위해서는 마음속 깊은 곳에 뿌리 내린 열등감부터 버려야 한다. 자기는 아무것도 아니라는 열등감, 자기 인생은 이미 결정 났다는 열등감을 버리면 지금 어떤 모습으로 살고 있든지 그 속에서 목표가 생기고 꿈이 만들어질 것이다.

50대 후반의 남자 두 사람이 똑같은 날 아파트 경비원으로 취직이 되었다. 두 사람 모두 다니던 회사에서 명예퇴직을 당한 직후였다. 한 사람은 새로 시작하는 일에 열의를 불태우며 이 일에 최선을 다해 최고의 아파트 경비원이 되겠다는 꿈을 키우고, 한 사람은 '잘 나가던 내가 어떻게 이렇게 되었냐'며 죽지 못해 이 일을 한다고 생각한다.

몇 년 뒤 두 사람은 어떻게 되었을까? 최고의 경비원이 되겠다고 생각한 사람은 그 아파트에 살고 있던 건설회사 사장의 눈에 띄어 다른 아파트의 관리소장이 되었지만 죽지 못해 이 일을 한다고 생각한 사람은 경비원 일도 제대로 하지 못해 그만두는 상황에 처하게 되었다.

나이와 상관없이 자기의 존재 가치를 높게 생각하는 사람은 그만큼 젊은 인생을 살고, 자기의 존재 가치를 일찍 포기하는 사람은 그만큼 늙은 인생을 살게 되는 것이다.

부모가 자기 삶의 목표를 찾고 젊게 살기 위해서는 다음과 같은 구체적인 실천 항목이 필요하다.

1. 부모의 기능과 역할을 충실히 하라.
2. 자녀와 자신을 동일시하지 마라. 자녀 삶의 목적을 부모 삶의 목적으로 생각하지 마라.
3. 진짜 자기 삶의 목표를 찾아라. 아이의 결혼과 출세가 부모 삶의 목표가 아니다. 자기가 진짜 하고 싶은 것, 꿈이 뭔지를 아이와 분리해서 생각해 보고 그 일을 찾아라.

꿈은 누구에게나 있다. 다만 오랫동안 잊고 있을 뿐이다. 잊은 채로 계속 살게 되면 그것은 그냥 사라지지만 찾아내서 발굴하면 구체적인 현실이 되는 것이다.

'이 나이에 대체 내가 왜?'라고 묻고 싶을 것이다. 이것은 부모의 인생을 위한 것이기도 하고 아이를 위한 것이기도 하다. 아이가 독립적이고 자율적인 어른으로 자라기를 원한다면 부모가 먼저 그것을 성취해야 하기 때문이다.

부모가 가진 열등감은 고스란히 자식에게 짐이 되고 그것이 결국 자식의 인생을 망치듯이 부모가 가진 삶의 목적과 꿈은 자식에게 도전이 되고 희망이 되어 결국 자식의 인생도 빛나게 만들어 준다.

교육비의 10%를 부모 교육을 위해 사용하라

거실을 서재로 만들었다고 자랑하는 부모의 집에 가 보면, 모두 아이의 책만 가득할 뿐 정작 부모의 책은 채 열 권도 되지 않는 경우가 많다. 부모가 책을 읽지 않는 집에서 아이만 열심히 책을 읽는 경우란, 1980~1990년대에만 통용되는 상황이었다.

필자가 늘 하는 말이 있다. "자녀 학원비의 10%를 부모의 자기 계발을 위해 써라. 아이가 50만 원짜리 과외를 받는다면 적어도 부모는 5만 원 어치의 책을 사라."

당장 아이 과외비에 허리가 휘청한다고 하지만 자기를 위한 노력을 소홀히 하다 보면 결국 아이로 인한 기쁨보다 중년의 공허함에 빠질 수밖에 없다. 이것은 부모가 행복해야 아이도 행복할 수 있고 부모가 성장해야 아이도 성장할 수 있기 때문이다.

아이에게 최고로 좋은 책을 사 주는 것보다 더 중요한 것은 부모가 먼저 책을 읽는 것이다. 부모가 책을 통해 얻은 정보가 아니라 누군가로부터 주워들은 정보로 이야기를 하면 논리적인 사고가 떨어지게 되고 갈수록 자식들과의 대화의 폭도 좁아질 수밖에 없다.

'나는 못해도 너는 해야 된다.'라는 의식은 이제 버리고 부모 자신이 누구보다 빛나는 거울이 되어 아이에게 비쳐질 수 있도록 노력하는 것이 더 현명한 생각이다.

03 세 번째 열쇠: 부정적 생각과 행동은 버려라

식당에 들어가서 메뉴판을 펼치자마자 "메뉴가 왜 이렇게 없어."라고 말하고, 찻집에라도 들어가면 "왜 이렇게 좁아. 왜 이렇게 시끄러워."라고 말하는 사람이 있다.

어딜 가고 누굴 만나더라도 부정적인 것부터 눈에 들어오고, 눈에 들어온 순간 그것을 말하지 않고는 견딜 수 없는 사람들, 이들은 사실 거의 무의식적으로 이런 생각을 하고 입 밖으로 내뱉는다. 자기도 모르는 사이에 부정적인 사고와 말, 행동이 습관처럼 몸에 배어 있기 때문이다.

재미있는 것은 이들은 자기에게 부정적 사고가 있다는 것마저도 부정한다. 아마 그런 성향에 대해 이야기라도 하면 메뉴가 없으니 없다고 하고 시끄러우니까 시끄럽다고 하는 것이 무슨 문제냐고 항변할지도 모르겠다.

똑같은 상황이라도 긍정적인 사람은 "메뉴가 많지 않은 걸 보니 정말 맛있는 집인가 봐."라고 말하고 "찻집이 참 아담하네.", "북적북적 활기가 넘쳐서 좋네."라고 말할 것이다. 같은 풍경이라도 바라보는 사람의 마음에 따라 결과는 정반대로 느껴질 수 있는 법이다.

매사가 부정적인 부모는 아이가 문제를 일으켰을 때도 그것이 자신 때문이라고는 절대 인정하지 않는다. 자기는 잘하는데 아이가 이상하다고 생각하거나 또는 배우자의 나쁜 성향을 닮아서 그렇게 되었다고 속단할 것이다.

아이는 부모로부터 사물을 바라보는 관점을 물려받게 되어 있다. 부모가 긍정적인 인생관을 가지고 있으면 아이도 긍정적인 인생관을 가지게 될 수밖에 없다. 평생 부모로부터 "작으니까 아담하고 좋다."는 소리를 들은 아이가 갑자기 "왜 이렇게 좁아 터졌어."라고 할 리는 없다. 그런 생각 자체를 배우지 못했는데 어떻게 할 수 있겠는가.

당연히 부모의 부정적인 인생관도 아이에게 그대로 전달된다. 그런데 부정적인 것들은 긍정적인 것보다 전염성이 훨씬 강하기 때문에 아이의 부정성은 더 강하게 표출되고 결국 그로 인해 고통을 당하는 사람은 부모가 될 수밖에 없다.

지금부터는 아이의 심성을 파괴시킬 뿐 아니라 부모의 인생도 절망으로 이끄는 부정적 생각과 행동으로는 어떤 것이 있는지 알아보자.

열등감에서 탈출하기 위해 가장 빨리 버려야 할 것들

1. 아이를 삶의 짐으로 여기는 생각

아이를 자신의 걸림돌로 생각하고 낳은 것을 후회하는 부모가 있다. 이런 생각은 비록 말로 표현되지 않는다 해도 비언어적인 메시지를 통해 아이에게 고스란히 전달된다. 아이를 바라보는 시선이나 아이를 만지는 손길, 아니면 부모가 자신의 삶을 대하는 방식에서 그것들이 묻어나기 때문이다.

심지어 어떤 부모는 힘들 때마다 아이 앞에서 노골적이고 직설적인 어법으로 자신의 감정을 그대로 표출하기도 한다.

"네가 태어나면서 내 인생은 끝장났어.", "너 때문에 내가 덜미를 잡혔어." 같은 표현을 듣고 자라는 아이는 극도의 절망감을 갖고 살아갈 수밖에 없다.

아이를 위해 고생하는 것이 때로는 힘들다 하더라도 이를 당연한 기쁨으로 여겨야 아이의 자존감이 지켜질 수 있을 것이다. 더 나아가 아이 덕분에 삶에 열정을 갖게 되고, 힘들고 어려운 과정을 극복하고 있다는 믿음을 아이에게 준다면 아이는 희망의 원천으로 자라 줄 것이다. 반면에 아이를 삶의 짐으로 생각하면 생각 그대로 아이는 짐이 되고, 결국 그 짐의 무게로 부모는 더 힘든 인생을 살아야 한다.

아이를 열등감의 부정적 측면에서 생각하기 시작하면 부모는 여간해서는 헤어날 수 없는 수렁에 빠지게 된다. 아이가 무엇을 해도 대수롭지 않게 여기게 되고 관심을 갖지 않게 되며 아이에게 부정적인 감정을 표출하게 되면서 아이 자체가 자기 인생을 방해하는 존재로 여겨지게 될 것이다.

2. 과격하고 폭력적인 행동

과격하고 폭력적인 아이의 배후에는 언제나 과격하고 폭력적인 부모가 있다. 물론 어른이라 그런 성향을 겉으로 금방 드러내지는 않는다. 하지만 아이의 입을 통해서도 부모의 진실은 쉽게 밝혀지기 마련이다. "엄마, 아빠가 한번 싸우면 온 집안에 남아나는 것이 없어요.", "화가 나면 서로 막 때려요." 이런 이야기는 모두 상담 중 아이에게 들은 내용이다.

부모의 폭력적인 행동은 어떤 식으로든 아이에게 그대로 전달된다. 예를 들어 어머니가 임신 중에 심한 스트레스를 받아 과격한 분노를 품게 되었다면 출산 직후의 신생아라도 심하게 짜증을 부리며 예민하게 군다.

또 아무리 말을 못하는 아기라 할지라도 부부싸움을 목격하게 되면 그 순간의 폭력적인 분위기가 무의식에 남아 나중에 자연스럽게 발휘될 수 있다. 유치원이나 초등학교에서 약한 아이를 때리고 괴롭히는 것을 당연한 것으로 여기기 쉽고 결혼 후에는 부모의 모습을 그대로 재현하게 될 가능성도 크다.

열등감에 의한 분노의 에너지를 과격하고 폭력적인 부부싸움으로 표출하고 있는 부모들은 부부싸움을 목격하는 자녀들이 느끼는 무력감이 얼마나 큰지 알아야 한다. 이 공포스러운 분위기 속에서 자신이 그 어떤 것도 해볼 수 없다는 무력감은 곧 열등감으로 이어지기 때문에 아이는 부모의 싸움을 통해 결국 극심한 열등감 그 자체를 배우게 되는 것이다.

3. 부정적인 말이나 욕

자녀들에게 자주 하는 말이 긍정적인 의미인지 부정적인 의미인지 한번 생각해 보자. 자기 자신을 향해 바보 같다는 생각을 계속하면 정말 자신이 바보처럼 느껴진다. 의미 없이 남편이나 아내에게 '정신 나간 사람'이라는 말을 자주 하면 시간이 지날수록 정말 상대방이 정신 나간 행동을 더 하게 될 것이다.

어른도 이러니 아이는 더하다. 평소 아이의 잘못을 나무라며 무심코 내뱉는 단어가 어떤 의미를 갖고 있는지 부모가 한번쯤 생각해 봐야 한다. 그 말이 곧 축복이 될 수도 있고 저주가 될 수도 있기 때문이다. 아이는 반드시 부모가 말하는 대로 행동하게끔 되어 있다. 게으름뱅이라고 욕하면 정말 게으름뱅이가 되고 꼴찌라고 부르면 정말 꼴찌가 될 것이다. 부모의 열등감이 심할수록 아이를 향한 부정적인 말이나 욕설도 심할 수밖에 없다. 부모는 아이가 뭔가를 잘 한다는 사실 자체에 동의할 수 없기 때문에 아이를 이미 실패작이라고 단정해 버린다. 부모는 하얀 종이 위에 아이가 그림을 그리도록 하는 보이지 않는 배경의 역할을 해야 하는데 "넌 안 돼, 넌 못해, 네가 뭘 하겠니."라는 식으로 아이가 그림을 그리기도 전에 이미 말로서 망쳐 버리는 것이다.

4. 집요하게 물고 늘어지는 버릇

다른 사람과의 관계에서 별 것 아닌 것을 가지고 집요하게 늘어지는 버릇은 그 내용이 무엇이건 간에 관계를 망치고 스스로를 지치게 만든다. 특히 아이가 어떤 잘못을 했을 때 그것을 바로잡아야 한다는 생각만으로 집요할 정도로 잘못을 물고 늘어지면 아이의 마음에 치명적인 상처를 줄 수 있다.

담배를 단 한 번 피웠다는 이유로 아이의 가방을 매일 뒤지고 어떤 대화를 하다가도 결국 "담배까지 피운 녀석이"로 이야기가 흘러가는 것 때문에 노이로제 증상을 보이는 아이도 있었다.

이런 집요함은 결국 아이뿐 아니라 부모도 망가뜨린다. 작은 문제에 매여 헤어 나오지 못하게 되면 고달파지는 것은 결국 부모의 인생이다.

이렇게 열등감을 가진 부모는 다른 사람에게 자신의 능력을 과시하거나 남에게 우월해지고 싶다는 감정이 매우 강하기 때문에 무엇을 하든지 이겨야 하고 끝까지 물고 늘어지는 집요함이 있다. 부모가 초등학교 아이마저 이기려고 발버둥치는 것은 남에게 지고 산다는 것을 참을 수 없다는 강한 열등감에 사로잡혀 있기 때문이다. 또한 자신은 누구에게도 지지 않을 능력을 가지고 있고, 매사에 상대방의 기를 꺾어야 하며, 부모 형제간에도 지고는 못 산다는 생각을 하고 있다. 이런 사람들은 자기보다 조금이라도 우월한 사람을 이겼을 때 아주 큰 희열을 느끼며 슬픈 삶을 살게 된다.

5. 중독성 있는 취미

부모의 나쁜 취미는 자신의 삶을 파괴할 뿐 아니라 아이의 삶에도 큰 영향을 미친다. 화투나 카드놀이, 경마 등을 심심풀이로 시작했다가 결국 큰돈이 오가는 도박판으로 옮겨가 온 가족이 고통을 당하는 경우를 많이 볼 수 있다.

부모가 이런 모습을 보이면 그 가정이 제대로 유지되는 것 자체가 힘들 뿐더러 아이 역시 사행성 게임에 빠져들 위험이 크다.

중독성을 가진 것이라면 그 어떤 것도 교육적일 수가 없다. 아무리 좋은 것이라도 적당히 즐기고, 시간이 되면 관심이 다른 것으로 옮겨가면서 성장하는 삶이 바른 것이기 때문이다.

주말이면 체험 학습 겸 취미 활동으로 아이와 함께 경마장을 찾는다는 부모를 만나면 가슴이 철렁 내려앉는다. 경마를 도박이 아니라 단순한 취미 활동으로 생각하고 그것을 아이와 함께 즐긴다는 것은 위험한 발상이다. 처음에는 단순한 놀이에 불과했겠지만 시간이 지날수록 그것이 열등감을 벗어나려는 취미 활동으로 변하는 것은 순식간이다. 재미로 시작한 취미 활동이 또 다른 중독으로 이어지게 되면 상황은 점점 더 악화된다. 터무니없는 비현실적인 환상 속에서 정말로 헤어날 수 없게 될 수도 있다.

6. 남성과 여성에 대한 차별의식

　나쁜 습관인지 조차 모르고 행하는 것 중 하나가 바로 남성과 여성에 대한 편견을 갖고 사람을 대하는 것이다. 아이 앞에서 어머니를 꾸짖으며 "여자가 저러면 못 써."라는 말을 하는 아버지가 있다면 그 말 때문에 남자아이는 여성을 비하하며 남성우월주의에 빠지고 여자아이는 피해 의식을 갖게 될 수 있다는 것을 기억해야 할 것이다.

　오늘날 많은 가정들이 부부 관계의 위기를 겪고 있는데 그 원인을 찾아보면 서로에 대한 비인격적인 대우로 인한 갈등이 많다. 서로에게 비인격적 대우를 하는 것은 성장 과정에서 행복한 부부 관계의 모델을 보지 못하고 자랐기 때문일 확률이 높다. 어릴 때부터 가족들에게 불친절하고 무뚝뚝하고 무관심해야 하는 것이 당연한 것인 줄 알고 자라온 것이다. 어느 날 자신의 모습을 가만히 생각해 보면서 아버지, 어머니의 삶을 발견하고 깜짝 놀라는 이들도 있을 것이다. 그때 아버지를 이해하지 못하고 미워했고 어머니 역시 증오했음에도 불구하고 자신이 지금 그 모습을 그대로 답습하고 있는 것이다. 그러나 그런 부모의 모습을 투영해 보면서 자신의 모습에서 부끄럽고 미안한 점들을 발견할 수 있다면 희망은 있다. 그런 반성에서부터 새로운 삶이 시작되기 때문이다. 아버지가 어머니를 대하는 태도, 어머니가 아버지를 대하는 태도가 조금만 바뀌어도 자녀들은 아마 서로에게서 희망을 발견할 수 있을 것이다.

7. 사람에 대한 불신

불신이 가득한 부모와 사는 것만큼 괴로운 일이 없다. 그 불신의 화살이 언제 아이에게로 향할지 알 수 없기 때문이다. 부모 역시 어른이 된 뒤에도 계속해서 다른 사람을 향한 불신을 키워 나가기만 하면 제대로 된 사회생활을 할 수 없을 것이다. 인간관계에서 고립되어 외롭고 불행한 삶을 살아가게 되고 아이는 그런 부모의 모습을 그대로 이어받아 역시 외롭고 불행한 삶을 살아가게 될 확률이 높다. 아버지가 어머니를 신뢰하고 어머니가 아버지를 신뢰하는 모습만큼 아이에게 좋은 교육은 없는 법이다. 부모가 서로를 신뢰할수록 부모와 아이의 신뢰 역시 커지고, 그것은 곧 자녀가 살아가면서 만나는 사람들, 그리고 이 사회 전체에게 갖는 신뢰감으로 확장될 것이다.

8. 나쁜 습관

나쁜 습관은 부모 자신의 일상을 좀 먹고 아이의 미래를 파괴시킨다. 별 것 아닌 것 같은 작은 습관이라도 그것을 평생 지켜보며 자라는 아이에게 미치는 영향은 매우 크다.

예를 들어 집에서는 한시도 TV를 끄지 못하고 자면서도 TV를 켜놓고 자는 부모가 있다고 치자. TV를 보는 것은 그저 습관일 뿐이라고 생각하겠지만 그런 환경에 노출되어 있는 아이는 한시도 줄어들지 않는 TV 소음과 현란한 화면의 자극 때문에 공부에 집중은커녕 편안하고 안정적인 감정을 갖는 데도 방해를 받을 것이다. 그리고 미디어에 일찍부터 노출된 아이일수록 범죄 환경에 노출될 위험도 더 큰 편이다.

아이의 나쁜 습관을 고치거나 줄여 나가기 위해서는 먼저 부모 자신이 어떤 나쁜 행동을 하고 있는지 들여다볼 필요가 있다. 하루 동안의 행동을 글로 쓰면서 객관화시켜 보는 작업도 도움이 될 것이다. 온종일 TV만 보며 지낸 하루를 소리 내어 밝히면서 자신의 습관 속에 숨어 있는 현실 도피 감정이나 미래에 대한 불안, 가난한 집안에 대한 스트레스, 다른 사람에 대한 막연한 분노를 찾아내는 훈련을 해보는 것이다.

그리고 꼭 필요한 것은 나쁜 습관을 대신할 좋은 습관이다. 예를 들어서 TV를 보지 않기 위해 일부러 밖으로 나가 산책하는 것을 습관으로 정착시키기 위해 노력하는 것이다. 나쁜 습관이란 한 번에 고쳐지는 것은 아니지만 치밀한 노력이 있다면 충분히 바꿀 수 있다.

04 네 번째 열쇠: 부부 관계부터 개선하라

겉으로 보기에는 무척 단란해 보이는 부부이지만 심각한 자녀 문제로 애를 먹고 있다면, 그 부부 사이에는 남에게 밝히지 못한 문제가 있을 확률이 높다.

앞에서도 밝혔지만 부부 관계는 부모 관계의 전초전이기 때문이다. 부부 관계가 부정적이면 자녀와의 관계에도 반드시 문제가 생긴다. 부부가 서로를 사랑하고 배려할 때, 아이도 갈등이나 경쟁이 적고 함께 있는 것을 즐긴다. 그러나 부부간에 불협화음이 증가하면, 아이도 갈등이 악화되고 특히 아들과 딸 사이의 관계조차 나빠진다.

부부는 가정의 기초이기 때문에 부부의 문제는 곧 그 가정의 문제이고 부부의 붕괴는 가정의 붕괴이며 아이 인생의 붕괴로도 연결된다.

그런데 아이 문제에 관해서라면 온갖 전문가를 만나면서 문제 개선을 위해 최선을 다하는 엄마라도 정작 부부 관계를 해결하기 위해서는 별다른 노력을 기울이지 않는 경우가 많다.

문제를 그대로 방치하는 부부 관계는 암 만큼이나 위험하다. 암이 무서운 이유는 조기에 발견하기 어렵고 진단이 나왔을 때는 이미 심각해져 있다는 것인데 부부 관계도 마찬가지다.

모든 질병에는 반드시 어떤 조짐이란 것이 있기 마련인데 그 조짐을 무시하다 그런 상태에 이르는 경우가 많다. 부부 관계도 마찬가지라 사소한 불화와 스트레스를 무시하다가 파국에 이르는 경우가 많다.

부부간의 문제는 집집마다 그 사연이 제각각이지만 대부분은 몇 개의 특징을 가지고 있다.

대화가 없다

집에만 들어오면 화를 내는 남편이 있다면, 그 아내와 가족들의 고충은 이만저만이 아닐 것이다. 이런 사람이 직장에서 중간 간부의 역할을 하고 있다면 부하 직원들 역시 마찬가지 고충을 겪을 것이다. 열등감이 많은 사람일수록 작은 일에도 화를 잘 내고 질투와 비난이 심하고 불평 또한 많다. 자신이 작아 보이고 능력이 없다고 생각하기 때문에 오히려 큰소리를 치고 기선을 제압하며 사람을 지배하려 든다. 남의 말을 잘 듣지도 않고 늘 투덜거리기 때문에 모든 문제가 상식적인 선에서 통하지 않는 사람이기도 하다. 특히 겉으로 보이는 학력, 직업 등의 열등감이 큰 사람일수록 자신이 속해 있는 작은 사회, 특히 가정에서 권력을 남용하려는 경향이 강하다. 이런 남편을 둔 아내들은 어떻게 문제를 풀어 가야 할까? 가장 첫 번째 노력은 간단하지만 '대화'로 시작되어야 한다. 열등감이 강한 남편일수록 아내가 말을 하지 않을 경우 '나를 무시한다.'는 식으로 해석하는 경향이 강하다. 사실 화를 낸다는 것 자체가 '나를 알아달라.'는 정신적 응석을 부리는 행위이기 때문에 이런 사람은 잘 달래서 대화를 유도하는 것이 가장 효과적인 제압 방법이라 할 수 있다.

작고 하찮은 문제라도 대화로 푸는 부부가 건강하다. 갈등이 생기면 서로의 생각만 고집하다 최후 통첩으로 말문을 닫아 버리는 부부가 가장 위험하다. 대화를 하지 않으면 더 이상의 갈등이 생기지 않을 것 같지만 사실은 더 강한 갈등 속으로 들어가는 것이다. 부부간에 자신의 방패를 내려놓고 자신의 감정들을 솔직하게 열 수 있는 분위기가 되도록 신뢰를 구축하기 위해 노력해야 한다. 대화를 하지 않으니 부부가 한방에서 잠을 잘 리 없고 같이 얼굴을 맞대고 밥을 먹을 리가 없고 같이 산책을 나갈 일은 더더욱 없다. 외식도 없고 웃을 일도 없을 것이다. 아무리 소리 내어 싸우지 않더라도 그 숨 막힐 것 같은 침묵은 아이에게 고스란히 전달되고 싸늘한 공기 속에서 아이는 극도의 긴장과 공포를 느끼게 된다.

무엇보다 부부 사이에 대화를 중단하는 것은 그 어떤 개선의 의지도 없다는 것을 의미한다. 서로의 격한 감정이 식을 때까지 잠시 시간을 갖는 정도는 몰라도 아예 대화를 멈추는 것은 정말 위험하다.

성생활이 없다

아무리 퇴근이 늦어도 스포츠센터에 들러 운동은 꼭 하고 돌아오면서 정작 집에서는 피곤하다는 이유로 곯아떨어지는 남편이 적지 않다. 대체 무엇을 위해 운동을 하는지 궁금하다. 물론 운동도 하지 않고 성생활에도 관심 없는 남편이 더 많지만 말이다.

결혼생활이 길어질수록 부부간의 성생활 횟수도 줄어들기 마련이다. 횟수가 줄어드는 것이 부부 상호간의 동의에 의한 것이라면 큰 문제가 아니지만 한 사람의 일방적인 거절로 인해서라면 문제가 심각하다. 단순히 성생활을 하지 않아서 불만이라기보다 배우자가 자신의 욕구에 무관심하다는 것이 더 견디기 힘든 일일 것이다.

성생활은 부부간의 사랑을 말해 주는 중요한 척도이다. 때로는 심각하게 갈등 상태로 치닫던 부부가 성생활을 회복하면서 관계가 좋아지기도 한다. 그래서 성생활을 회복하는 것이 부부에게는 무척 중요한 일이다.

한 가지를 얻으려면 다른 한 가지를 포기해야 하는 것이 세상에 이치인데 부부 관계에도 그것은 마찬가지로 적용된다. 건강한 성생활을 유지하기 위해서는 술과 일을 줄이고 바깥에서 친구들과 어울리는 시간도 줄여야 한다. 아내를 위해 또는 남편을 위해 이것 한 가지는 꼭 지켜 줘야겠다고 생각하고 정말 직장생활 하듯 성생활을 지켜 나가는 부부 가 현명한 부부이다. 이것은 부부가 무엇에 우선순위를 두느냐를 통해 서 상대방이 원하고, 상대방이 필요로 하는 사람이 될 수도 있지만 무 의미한 존재라는 느낌을 줄 수도 있다는 것이다.

부부 관계 리모델링하는 법

오래된 집도 리모델링하면 새집 같은 느낌을 전해 주는 것처럼 부부 관계도 리모델링을 시도하면 연애 시절 또는 신혼 시절로 돌아갈 수 있 다. 부부 관계를 리모델링하는 방법은 다음과 같다.

1. 건강한 몸으로 리모델링하라

자신이 행복해야 부부 관계도 행복해질 수 있다. 그리고 행복을 이끄 는 중요한 열쇠는 건강한 신체에 있다. 몸이 건강해야 마음도 건강할 뿐더러 몸이 건강해야 외모도 빛이 난다. 많은 부부가 서로의 변해 버 린 모습 때문에 애정도에 문제가 생겼을 것이다. 다시 매력 있는 자신 으로 돌아가기 위해 자신의 건강을 가꾸는 것에 노력을 기울이자. 무작 정 다이어트를 할 게 아니라 건강한 몸을 되찾아 부부 관계도 회복하겠 다는 마음으로 다이어트에 임해 보자. 아마 더 큰 효과를 누릴 수 있을 것이다.

2. 서로에 대한 관심을 리모델링하라

부부는 서로의 관심과 사랑을 먹고 사는 관계다. 결혼생활이 이어지면서 점점 사라져 간 서로에 대한 관심을 되살리지 않으면 진정한 리모델링은 불가능하다.

관심을 되살리는 방법은 아주 작은 것에서부터 시작된다. 일단은 배우자가 오늘 어떤 옷을 입고 있는지에 한동안 관심을 가져 보자. 배우자가 어떤 스타일의 옷을 좋아하는지만 알아차려도 큰 효과가 있다.

혹시 남편이 입던 옷을 집에서 입고 있다면 그동안 가족들을 챙기느라 자신은 돌보지 못했다는 사실을 새삼 깨닫게 될 것이고, 옛날에 좋아하던 꽃무늬를 여전히 선호한다는 것을 찾아냈다면 오래전 아내의 귀여웠던 모습을 떠올리게 될지도 모른다. 아내 역시 마찬가지이다. 남편이 어떤 스포츠를 좋아하는지, 회사에서는 어떤 일로 힘들어 하는지 관심을 가지고 지켜보자. 뭔가 해답을 줘야 한다고 생각하거나 간섭할 필요는 없다.

"당신은 머릿결이 처녀 때와 똑같아.", "당신은 역시 파란색 셔츠가 잘 어울려." 같은 사소한 말 한마디를 던져 줌으로써 관심을 가진다는 것을 표현하기만 해도 좋다.

3. 연애 시절에는 미처 깨닫지 못했던 서로 다른 가치관을 리모델링하라

가치는 서로에 대한 사랑에 관련된 것일 뿐만 아니라, 상대방의 가치를 존중해 주고 자신의 마음속에 있는 것을 반영하는 것이다. 연애 때

미처 깨닫지 못한 이유로 결혼 후에 속았다고 했던 것들, 또 서로의 다른 생각들도 리모델링의 범주 속에 넣어야 한다. 다른 생각들은 결혼생활 내내 갈등의 씨앗 역할을 단단히 해 왔을 것이다. 그동안은 그 씨앗을 어떻게 하지 못해 전전긍긍했다면 이제는 과감하게 리모델링 메뉴 속에 넣고 돌려 버리면 된다. 하나님에게 자신이 가치 있는 존재라고 느끼는 것처럼 배우자가 자신에게 가치 있는 존재가 되고 싶어 한다는 것을 믿도록 끌어내야 한다.

예를 들어 너무 가부장적인 남편의 모습에 오랫동안 고생해 왔다면, 가부장이란 단어 자체를 리모델링해서 다른 말로 바꿔 보도록 하자. 가장으로서의 책임감, 성실함, 남자다움 같은 의미로 충분히 바꿀 수 있을 것이다.

이제 상대방을 알 만큼 아는 관계가 되었으니 바뀌지도 않을 것을 고치려고 애쓰다가 괜히 싸우기보다는 깨끗하게 서로의 다른 점을 인정하자. 다름으로 인해 발생하는 갈등보다는 다름으로 인해 생기는 다양성을 즐겨 보자.

4. 종교 차이로 인한 갈등을 리모델링하라

한 지붕 아래 두 종교는 부부간의 갈등을 유발하는 결정적 요인이다. 더구나 종교적 가치관의 차이는 그 어떤 문화적 차이보다 대립의 정도가 심하다. 남편과 부인의 종교가 다를 경우에 두 사람 모두 밖에서는 자기 종교에 충실하고 경건한 삶을 살면서도 정작 집안에서는 서로의 종교를 헐뜯을 때가 많다. 때로는 제사를 지내느냐 추도 예배를 드리느냐를 두고 온 집안이 들썩거리기도 한다.

그렇다면 종교 리모델링을 통해 서로를 존중하는 합리적인 방안을 모색해야 한다. 이때 중요한 것은 서로를 더 많이 사랑하고 종교적 가치를 승화시키기 위한 신앙의 선택이지, 분열과 파괴를 불러일으키기 위한 것이 아님을 깨닫는 일이다. 그런 생각으로 서로의 종교를 인정하고 배려하는 방법을 찾는다면 그리 어려운 일만은 아닐 것이다.

5. 성격 차이로 인한 갈등을 리모델링하라

화목한 부부 관계를 유지하기 위해서는 다양한 조건의 리모델링을 시도해야 하지만, 제일 어려운 것이 성격에 관한 부분이다. 몸의 건강은 매일 운동을 하고 좋은 음식을 먹는 것으로 어느 정도 해결할 수 있고 관심과 가치관을 리모델링하는 것도 어지간한 노력만 있으면 충분히 가능하다.

그런데 타고난 성격 문제를 리모델링하는 것은 정말 어렵다. 한 가지 다행인 것은 성격 자체를 바꾸라는 것이 아니라 성격 차이로 발생하는 문제를 리모델링하라는 말이다.

그 전에는 성격 차이로 발생하는 문제를 늘 싸움으로 연결시켰다면 이제는 그것을 다른 방법으로 연결시키는 것이다. 여기서의 다른 방법이란 '상대의 성격을 그냥 인정해 주기', '내 성격을 강요하지 않기', '답을 구해야 하는 문제라면 제삼자에게 부탁하기' 등 여러 가지가 있다.

갈등이 아예 생기지 않도록 하기는 어렵지만 갈등을 푸는 방법을 찾는 것은 그다지 어렵지 않다. 리모델링 작업을 통해 방법은 충분히 찾아낼 수 있다.

여기에서의 핵심은 '상대를 개조시키려고 노력하기보다는 자신을 돌아보고 자신을 긍정적으로 바꾸기 위해 노력할 것'이다. 그렇게 되면 상대도 자연스럽게 스스로를 돌아보는 기회를 가지게 될 것이다.

리모델링은 집안의 골격 자체를 바꾸지는 않는다. 그저 다른 색을 입히고 일부를 수정함으로써 훨씬 더 멋진 모습으로 고쳐 나갈 뿐이다. 상대를 근본적으로 바꾸려는 시도는 바보 같은 짓이다. 그저 서로가 그동안 넘어서지 못했던 모난 부분들을 다듬어 가면서 부족한 것은 또 그대로 끌어안아 주면서 지금 자리에서 최선의 모습을 만들어 가는 것이 최선의 리모델링이다.

05
다섯 번째 열쇠:
아이와 제대로 대화하라

"평소에 아이와 대화는 잘 하시나요?"

부모에게 이렇게 질문하면 초등학생을 둔 부모는 한결같이 자신 있게 "그럼요."라고 대답한다. 그런데 아이가 중학생, 고등학생으로 올라갈수록 부모는 대개 고개를 흔들며 부정적인 대답을 한다.

언뜻 생각하기에는 초등학교 다닐 때는 부모와 대화를 잘하던 아이가 중학생, 고등학생이 되면서 입을 닫아 버렸구나 싶을 것이다.

하지만 속내는 조금 다르다. 막상 대화를 잘한다는 초등학생을 만나 "평소에 부모님과 대화를 많이 하니?"라고 물으면 아이는 고개를 절레절레 흔든다.

"아빠는 야단만 쳐요.", "엄마 이야기는 모두 잔소리에요."라고 대답하는 아이가 많다.

그러니까 이 이야기의 진실은 이렇다. 부모는 대화를 했다고 생각하는데 아이는 그렇게 생각하지 않는 것이다. 아이에게 그것은 대화가 아니라 그냥 일방적인 꾸중이나 잔소리였을 뿐이다.

초등학교 때는 부모의 말을 막을 힘이 없으니 그냥 듣고만 있고 그로 인해 부모는 대화가 충분히 이뤄지고 있다고 생각한다. 그런데 중학생이 되면 아이는 슬슬 제 생각을 드러내게 되어 있다. 부모가 말하면 얼굴을 찡그리며 싫은 내색을 본격적으로 하는 것이다. 그러다 고등학생이 되면 아예 부모가 말을 꺼내기 무섭게 제 방으로 들어가는 등 행동으로 대화를 피하기 시작할 것이다.

그러니까 애초에 이 아이는 부모와 대화를 하지 않았다. 대화를 했다는 것은 부모의 일방적인 오해일 뿐이다.

"밥은 먹었니?"

"네."

"과외 선생님 몇 시에 오시니?"

"6시요."

"너 왜 자꾸 엄마 말 안 듣고 속을 썩여? 계속 이럴 거야?"

"죄송해요, 엄마."

이런 식의 질문과 답을 대화라고 생각해서는 안 된다. 대화는 두 사람 모두 자발적으로 자신의 생각을 표현하고 상대의 생각을 들어주면서 탁구공이 오가듯 생각이 오가면서 이뤄지는 것이지 일방적으로 생각을 보내고 다른 사람은 거기에 대해 최소한의 방어만 한다면 그것은 대화가 아닌 것이다.

대화는 가족관계의 기본이자 중심이다. 대화 없는 가족은 껍데기만 있는 가족이나 마찬가지다. 그렇기에 부모는 아이와 제대로 대화하기 위한 노력을 포기하면 안 된다.

아이 말 제대로 듣는 법

대화에서 가장 중요한 것은 듣는 일이다. 상담에서 가장 중요한 것도 '잘 듣는 일'이다. 고민을 털어놓으려 찾아온 상담자들은 대부분 자신의 말을 제대로 들어주기를 원한다. 같은 이야기도 누가 들어주느냐에 따라 그 이야기의 가치가 달라질 수 있다.

그런데 대다수의 사람들은 듣는 것보다 말하는 것을 더 잘한다. 특히 많은 부모가 말하기의 대표주자들이다. 아이의 말을 끝까지 차분하게 들어주는 부모를 만나기는 참 힘들다. 우선 자신이 아이에게 해야 할 말이 너무 많기 때문이다. 평소에도 아이가 한 마디를 하면 두 마디를 하는 것이 부모다.

"그래, 네가 하고 싶은 이야기 다 해 봐."라고 해놓고도 아이가 이야기를 시작하면 채 몇 분을 못 견디고 "잠깐만, 그게 아니잖아."라고 끼어들고야 마는 것이 부모다.

그러니 아이의 생각을 제대로 들어줄 수 없다. 그것을 전달받기까지의 시간을 견디지 못하는 것이다.

대여섯 살만 되어도 아이는 자기 문제를 판단하고 결정할 수 있는 능력을 어느 정도 갖추게 된다.

스스로가 의사를 결정하고 행동할 수 있도록 도와주는 부모는 반드시 아이의 말을 끝까지 잘 들어주는 부모다. 말을 끝까지 들어야 진짜 의도를 알아차릴 수 있기 때문이다.

"지금 갈 거야, 말 거야?"

"가긴 갈 건데…… 엄마 있잖아요……."

어린아이의 말은 대부분 이러하다. 이때 엄마가 "갈 거면 지금 가자."라고 말해 버리면 아이는 그 뒤에 이어질 말, 이를테면 "뽀로로 보고 가면 안 되요?"를 못하게 되고, 결국 엄마를 뒤따라 나가면서 눈물을 흘리고야 만다.

그럼 엄마는 또 답답해서 "네가 간다고 해놓고 왜 울어?"라고 물을 것이고 아이는 엄마의 고함에 놀라 대답도 제대로 못하고 계속 울기만 할 것이다.

아이가 "있잖아요……."라고 했을 때 그 뒤에 이어질 말을 조금만 더 기다렸다면 아이가 울 일도 없었을 것이다. 아이의 말을 듣는다는 것을 바로 이런 것이다. 부모의 기준에 맞춰 듣는 것이 아니라 아이의 기준에 맞춰 들어야 한다.

> **아이의 말을 들을 때 주의할 점**
>
> - 일단 듣기 시작했다면 끝까지 들어준다.
> - 아이에게도 해결책이 있을 수 있다는 것을 염두에 두면서 듣는다.
> - 중간 중간 아이의 말이 막히거나 생략되고 왜곡될 때 가려운 부분을 긁어 주는 것처럼 개입하는 것은 괜찮다.
> - 말을 경청할 마음의 준비를 하고, 아이가 전달하고자 하는 의도를 파악하려고 애쓰며 듣는다.
> - 선입견이나 고정관념을 지우고 순수한 의미로 듣는다.
> - 자기가 듣고 싶은 것만 골라서 들으려 하지 않는다.

아이에게 제대로 말하는 법

아이의 말을 끝까지 잘 들어준 다음에는 부모가 아이에게 말을 해야 하는 순서가 돌아올 것이다. 부모의 말은 곧 아이 삶의 변화가 시작되는 지점이기도 하다. 물론 아이가 부모의 말을 받아들이지 않는다면 별 의미가 없겠지만 대부분의 아이는 부모의 말에 귀를 기울인다.

부모의 말은 세상에 나오는 그 순간부터 큰 힘을 발휘한다. 부모가 아이에게 말을 할 때 한마디 한마디에 신중해야 하는 이유가 이 때문이다.

우선 기본적으로 아이와의 대화에서는 가능한 한 긍정적인 표현을 쓰고 부정적인 표현은 멀리하는 것이 좋다. 성적이 떨어져 고민하는 자녀와 대화를 해야 한다면 "너 이렇게 공부하다간 낙오자밖에 못 돼." 같은 표현보다는 "조금만 더 노력한다면 아마 훨씬 재미있고 의미 있는 삶을 살게 될 거야." 같은 표현을 쓰는 편이 좋다.

물론 아이가 잘못해서 그 순간에 바로 정확하게 지적을 해야 할 때도 있다. 지적도 발달 단계에 맞춰 제대로 해야 한다. 예를 들어 아이가 어릴수록 잘못된 행동에 대해서는 직접적으로 지적을 하고 잘할 수 있는 대안을 제시해 주어야 한다.

그러나 아이가 스스로 잘못을 자각하는 단계에 이르면 부모가 잘못을 지적하고 혼내기 전에 우선 아이 스스로가 무엇을 잘못했는지 반성하고 깨닫는 시간적 여유를 주는 것이 좋다. 그 다음에 부모가 그 일에 대해서만 잘못된 부분을 말해 주어야 한다. 이때에도 부모가 모든 것을 직접 나열하기보다는 아이 스스로 잘못을 말하고 대안을 제시할 수 있도록 유도해야 한다.

일방적으로 혼내면서 무조건 부모가 명령하는 대로 끌고 가는 방법보다는 효과적이라고 할 수 있다. 고학년이 된 자녀에게 일방적이고 명령적인 훈계를 하면 반항만 낳을 뿐이다.

또 대화를 시작하기 전에 주제와 범위를 정해 일방적인 설교나 훈계를 하지 않도록 조심해야 한다. 단답형의 대답을 유도하지 않으려면 질문 자체가 열린 구조여야 한다.

"그래서 네가 했어, 안 했어?"라는 질문에는 "했어요." 또는 "안 했어요." 같은 대답밖에 나오지 않을 것이다. 이런 질문이 아니라 "그때 어떤 일이 있었던 건지 엄마한테 한번 설명해 볼래?" 같은 질문을 던져야 아이가 상황을 전체적으로 돌아보며 이야기를 시작할 수 있을 것이다.

그리고 대화 도중에는 그저 잘했다고 말하거나 잘못한 것을 지적하기보다는 잘한 것에 대해 구체적으로 "~는 참 잘했어, 어떻게 그렇게 할 생각을 다했을까?" 하는 식으로 말하면 대화가 더 깊어질 수 있다.

아이에게 말할 때 주의할 점

- 일방적으로 쏟아대지 않는다.
- 비난하고 추궁하지 않는다.
- 분노의 감정을 쏟아 내지 않는다.
- 칭찬할 수 있을 때는 마음껏 칭찬한다.
- 귀는 둘을 쓰고 입은 하나를 쓴다.
- 대화에도 양보가 필요하다. 아이가 먼저 말하려고 든다면 때론 대화의 주도권을 넘길 줄 알아야 한다.
- 아이의 말을 듣는 것이 보약이다.

06 여섯 번째 열쇠: 아이와 지혜롭게 갈등하라

　두 사람이 양쪽 발목을 끈으로 묶어 달리는 이인삼각 경기는 언뜻 보기에는 쉬워 보여도 막상 달려 보면 여간 어려운 것이 아니다. 이 경기의 승패는 두 사람의 손발이 얼마나 잘 맞느냐에 달려 있다. 정확하게 말하면 마음이 잘 맞아야 하는데 구경할 때는 '이렇게 저렇게 하면 되겠지.'라고 짐작해도 막상 경기에 나서면 몸과 마음이 따로 노는 것을 알게 된다. 자기 몸과 마음을 맞추는 것도 힘든데 상대방과 맞추는 것은 오죽하겠는가.

　부모와 자녀는 매일 이인삼각 경기를 하며 살아간다. 아이가 어릴 때는 신체적인 차이가 커서 부모가 아이를 매달고 가다시피 하며 달려야 할 것이다. 그러다 중고등학생만 되면 신체 조건이 비슷해져서 아이의 힘이 작용하기 시작한다.

　부모 마음으로는 초등학생 때처럼 자기 힘으로 막 끌고 가고 싶은데 아이의 힘도 만만치 않다. 이때부터 부모와 자녀의 갈등이 시작된다. 부모가 끄는 힘이 클수록 아이 역시 반대로 달려가고 싶은 욕구가 강해지기 마련이다.

　이때 부모가 오로지 자기 고집대로만 아이를 끌고 간다면, 속도는 날지 모르지만 아이는 마음속으로 언젠가는 부모를 이겨 보겠다는 오기를 품게 될 것이다. 이런 오기는 부모를 선의의 경쟁자나 존경의 대상이 아닌 적이 되게 만들고 때로는 경멸의 대상이 되게도 만든다.

　만약 부모가 적이나 경멸의 대상이 되어 갈등 상황이 계속된다면 자녀가 부모를 감정적으로 지배하거나 폭력적으로 지배하려는 상태에 이를 수도 있다.

　어린 시절 가을 운동회를 떠올려 보자. 푸른 하늘과 맛있는 김밥, 뜨거운 응원 열기로 즐거움이 가득한 그날 누가 1등으로 들어왔는지 기억이 나는가? 중요한 것은 속도를 내는 것이 아니라 모두가 즐겁게 달려가는 것이다.

열등감의 분노를 이해하라

　분노는 타인으로부터 거부당하거나 자신이 무가치한 존재로 취급당할 때 폭발하는 인간의 욕구 가운데 가장 두드러진 감정이다. 또 다른 사람에게 존중받지 못한 느낌, 자신이 어쩔 수 없이 지배받고 있다는 느낌, 지배 환경에서 생기는 구속감, 강압으로 인한 무력감, 고독, 두려움, 자만, 열등감 등의 다양한 감정들도 분노를 일으키는 감정이다.

대부분의 사람들이 화를 벌컥 내며 문을 꽝 닫거나, 소리를 지르거나, 물건을 집어던지는 등 과격한 행동이나 정서적 표현 방법으로 분노를 표출한다. 그러나 실은 자포자기, 무력감, 불안과 초조, 조바심 등도 분노와 연관된 감정들이다. 분노는 또한 식욕을 조절하는 호르몬 분비 기능을 파괴시켜 식욕을 잃게 하기도 하고 불면증을 불러오기도 한다. 이러한 것들은 심리적으로 자기 연민, 자기 비난, 심리적 위축으로 표출되기 때문에 분노 당시에는 큰 갈등이나 문제가 없는 휴화산처럼 보인다. 그러나 훗날 그 안의 응어리들이 뭉쳐 있다 폭발할 때는 그 폭발력이 훨씬 더 커 자살이나 다른 사람의 생명을 위협하는 등의 극단적 행동으로 이어질 수도 있다.

2008년 휴전선 철책에서 수류탄을 동료 부대원에게 던진 이른바 'GP 수류탄 폭발 사고'가 있었다. 그때 수류탄을 던진 사병의 경우도 동료들에 비해 상급자들로부터 인정받지 못한 것에 대한 열등감과 선임병들과의 잦은 마찰, 질책 등으로 인한 과도한 스트레스 때문에 범행을 저지른 것이라고 육군 수사단에서 조사 결과를 발표한 바 있다.

이처럼 속으로 곪는 열등감은 더 무서운 법이다. 그러니 부모는 아이가 밖으로 열등감의 분노를 표출할 때 그 분노의 원인에 맞게 적절한 행동을 취해야 한다.

분노를 표현하는 데에도 원칙이 필요하다

감정은 공기 중에 전염되는 바이러스와 같아서 아이는 자연스럽게 집안 분위기에 젖게 된다. 다른 감정도 전염이 잘되지만 그 중 가장 강한 것은 아마도 분노일 것이다.

분노의 특징은 한 순간에 끓어오른다는 것인데 이런 특성상 청소년들에게 미치는 영향이 크다. 질풍노도의 시기라 혼자만으로도 내적 갈등이 심하고 자극에 약한 시기라 부모로부터 받는 분노 바이러스는 치명적일 수밖에 없다.

아이에게 가장 좋은 것은 부모가 분노의 감정을 쉽게 들키지 않는 것이다. 하지만 살아가면서 아이 앞에서 분노를 표출하지 않기란 거의 불가능하다.

아이의 학업 능력을 향상시키고 부모의 말에 순종하는 아이로 양육하고 싶다면 우선적으로 부모의 감정을 조절하는 것이 필수이다. 부모가 노력은 했지만 아이의 학업 성적이 기대 수준에 미치지 못하게 되면 어느 부모나 아이의 태도에 대한 분노가 우선 치밀어 오른다. 학업 수준에 대한 기대가 크면 클수록 화부터 내고, 손부터 올라가기 마련이다. 그래서 우선 아이의 학업 수준은 부모의 기대에 못 미치는 게 당연하다는 사실을 인정하는 것이 중요하다. 비록 기대만큼 성적이 오르지 않더라도 부모가 이를 기꺼이 수용하려는 태도를 보이고 아이와 함께 노력한다면, 아이 수준과 적성에 맞는 학습 환경을 함께 만들어 갈 수 있을 것이다.

아이 앞에서 분노를 쉽게 들키지 않으려면 평소에 분노에 관한 원칙을 정해 놓고 이것을 지키도록 노력할 필요가 있다. 원칙 없이 분노를 마구 발산하는 부모는 열등감 부모의 대표적인 모습이다.

원칙이란 특별한 것이 아니다. 첫째는 지금 일어난 사건에 대해 이전의 감정을 대입시키지 않는 것이다. 지금 일어난 사건만을 가지고 판단하도록 노력해야 한다.

일반적으로 많은 부모가 일이 일어나기 직전의 감정 상태에 따라 그때그때 표현하는 분노의 정도가 달라진다.

회사에서 좋지 않은 일이 있어서 기분 나쁜 상태로 집에 왔는데 아이가 까불다 음식을 엎질렀다고 치자. 보통의 부모가 그 순간 내는 분노(화) 속에는 그날 회사에서 있었던 좋지 않은 일에 대한 감정이 고스란히 담겨 있다. 당연히 처벌 수위도 달라진다. 평소 같으면 그냥 야단만 치고 말 일에 매를 들기도 한다. 회사 일과 아이는 아무 상관이 없음에도 불구하고 회사일의 부정적 영향을 아이가 고스란히 받는 것이다.

둘째는 1~2분 만이라도 그 상황을 일단 피하는 것이다. 아이가 음식을 엎질렀다면 음식을 엎지른 직후의 1~2분이 가장 중요하다. 대부분 일이 발생한 직후에 분노를 터뜨리게 되기 때문이다.

"엄마가 옷 갈아입고 나와서 치울게." 하고 방으로 들어가거나 "엄마가 치울 테니까 너는 손 씻고 와." 하는 식으로 아이와 대면하는 상황을 잠시 피하는 것이 좋다. 짧은 순간이지만 그동안 감정을 가라앉히고 나서 아이를 대하면 순간적인 분노로 상처를 주는 일은 피해갈 수 있다.

셋째는 자기 감정을 통제하기 위해 조금이라도 더 노력하는 것이다. 감정을 통제하기 위한 가장 효과적인 예화로 '분노에 수면제를 먹여라.'는 방법을 권장한다. 수면제는 자기도 모르는 사이에 예민해진 자신을 잠재우는 효력을 발휘한다. 도저히 잠을 이룰 수 없는 상황에서도 수면제를 복용하면 잠을 잘 수 있는 것처럼 분노에도 수면제를 먹이듯 인위적인 노력이 필요하다.

우선 자신이 어떤 상황에서 가장 예민한 반응을 보이는지 분석하고 또 어떤 돌발 행동을 보이는가도 확인해 보도록 한다. 인간은 자신의 환경과 정직한 상호 작용을 하는 가장 빠르고 중요한 수단 중 하나가 분노의 표현이다. 성경에서는 현명한 사람은 분노를 피하고 삭히기를 배운다고 가르치고 있다. 부모가 분노를 표현하는 건강한 방법을 배워야 아이도 그 방법을 배우게 된다. 그렇지 못하면 어떤 상황에서든 화가 나면 발로 차거나 때리고 물건을 부수게 된다. 만일 지금도 이런 방법으로 분노를 가족들에게 표출하고 있어 혼자서는 도저히 어떻게 할 수 없다면 자신을 객관적으로 바라볼 수 있는 기회를 가져보는 것이 좋다. 본인의 감정 대응 방법에 관해 가족들과 논의해 보는 것도 좋을 것이다. 화가 날 때 천천히 그리고 조용히 말하도록 자신을 훈련하고 감정 상태가 끓어오를 때 목소리를 낮추고 어휘를 주의 깊게 가려 쓰는 것은 스스로를 통제하는 데 도움이 된다.

마음을 표현할 때는 구체적으로 해야 한다

대부분의 부모는 자신의 아이를 잘 알고 있다. 어릴 때부터 매일매일 지켜봤고 아이가 살아가고 있는 삶을 부모 역시 살아왔기 때문이다.

초등학교 때는 공부보다 TV가 좋고, 고등학교 때는 부모보다 친구가 더 좋다는 것을 안다. 아이가 무슨 말을 하고 행동을 하든지 간에 아이의 머릿속을 한눈에 꿰뚫어보는 부모도 적지 않다. 흥미로운 것은 이렇게 잘 알면서도 정작 그 생각 뒤에 숨은 아이의 마음은 몰라준다는 것이다.

학원에 가기 싫어서 배가 아픈 척 하고 있다는 것을 아는 부모는 많지만 아이가 왜 학원에 가기 싫어하는지를 아는 부모는 거의 없다. 부모에게 반항하고 있다는 것은 단번에 알면서 행동 이면에 숨은 마음은 모르는 경우도 많다.

그건 아이의 속마음을 읽으려고 노력하지 않기 때문이다. 지금 당장 눈에 보이는 아이의 행동을 부모 마음에 맞도록 또는 표면적인 원칙에 맞도록 바로 잡는 것이 중요하지 아이의 진심을 읽는 것은 중요한 일이 아니라고 생각하고 있다.

많은 부모가 아이를 학원에 가도록 하고 부모에게 반항하지 않도록 하면 문제가 해결된다고 오해한다.

부모가 아이의 속마음을 읽지 못하고, 읽지 않으려 하는 것은 자신도 아이에게 속마음을 드러내 본 적이 없기 때문이다. 부모 역시 그저 아이에게 그럴듯해 보이는 부모, 표면적으로 좋은 부모의 역할을 하는 데 급급해 아이에게 진심을 전달해 본 적이 없다.

이렇게 부모와 아이가 진짜 마음을 읽으려고 노력하지 않고 살면 시간이 지날수록 갈등은 점점 심해져만 간다.

훌륭한 부모는 아이의 감정을 들추어내기 전에 자신의 감정부터 되돌아보고 그 느낌을 아이에게 솔직히 고백할 줄 안다.

"엄마가 바본 줄 알아? 너 지금 배 안 아프면서 괜히 쇼하고 있는 거 다 알아. 그러니까 빨리 학원 가."

이런 말은 이렇게 바뀌어야 할 것이다.

"엄마가 생각하기엔 지금 너는 배가 아픈 게 아니라 마음이 아픈 것 같아. 학원에 가기 싫어하는 그 마음은 이해 해. 하지만 지금 엄마 기분은 좀 안 좋아. 왜냐하면 네가 꾀병을 부리며 약속을 어기는 사람이 되기보다는 좀 더 솔직하고 당당한 사람이 되었으면 좋겠거든."

아이에게 엄마가 어떤 부분에서 실망했는지 그 지점을 정확하게 알려줘야 한다. 단순히 학원에 가지 않아서 엄마가 화났다고 이해하게 만들면 아이는 당연히 '우리 엄마는 내 마음도 모르는 사람', '나보다 학원이 더 중요한 사람'이라고 인식할 수밖에 없다.

그러나 엄마의 기분이 좋지 않은 것은 '내가 꾀병을 부리며 약속을 어기는 행동을 했기 때문이라는 것'을, 엄마는 '내가 좀 더 솔직한 사람이 되기를 바라기 때문에 내게 화를 내는 것'이라는 점을 알게 된다면 어떨까?

부모가 뭐라고 말하지 않아도 아이는 제자리로 돌아올 것이다. 그리고 이런 대화가 부모와 아이 사이에 자리 잡힌다면, 그 어떤 갈등도 큰 어려움 없이 헤쳐 나갈 수 있을 것이다. 솔직한 표현의 힘은 생각보다 훨씬 세기 때문이다.

07 일곱 번째 열쇠: 문제는 아이와 함께 풀어 나가라

아이가 있는 집이라면 어느 집이나 아이 문제로 걱정할 거리가 있다. "우리 애는 딱히 문제가 없어요."라고 말하는 부모도 가끔 만나는데, 그건 어디까지나 '아직' 없을 뿐이다. 지금은 없더라도 언제 생길지 모르는 것이 문제다. 문제는 삶의 한 부분이기 때문이다. 그래서 문제가 없기를 바라기보다는 문제가 생겼을 때 잘 풀어갈 수 있기를 바라는 것이 현명하다.

부모와 아이는 실타래처럼 꼬인 문제, 수학처럼 복잡한 문제를 풀어가는 과정을 통해 서로의 존재를 확인하고 서로를 이해하게 되며 조금씩 성숙해져 간다.

그런데 이 문제를 잘 해결하지 못하면 문제 때문에 치명적인 상처를 받을 수도 있다. 학교나 사회에서 부딪치는 문제와 그 속에서 해결하지 못하는 문제도 치명적인 것은 마찬가지겠지만 가족 간에 발생하는 문제와 비교하면 아무것도 아니다. 가족이 서로에게 주는 상처의 깊이와 크기는 남과 비교할 것이 못 된다.

잘못 해결한 문제도 무섭고, 해결하지 못한 문제를 안고 가는 것도 무섭다. 어쨌든 결론은 모두가 힘을 모아 그것을 해결하기 위해 매일매일 노력하면서 살아가야 한다는 것이다. 문제를 함께 풀어 나갈 생각 없이 혼자서 끙끙대는 것은 부모의 열등감일 뿐이다. 아이와 함께 답을 찾아가는 과정에서 어쩌면 아이가 스스로 답을 찾아낼지도 모른다.

문제를 바라보는 시각 바꾸기

"이렇게 속 썩이는 자식이 또 있을까요? 정말 세상에서 내가 제일 불쌍한 엄마일 거예요."

어릴 때부터 엄청나게 돈을 들이고 정성을 들여 고액 과외를 시키고 특목고까지 보내 놨더니 갑자기 대학을 가지 않고 다른 길을 찾겠다고 선언한 아들이 있다. 아들의 어머니는 지금 살고 싶은 생각이 없다고 말했다. 어떤 대가를 치러서라도 아들을 다시 예전의 착한 모범생으로 돌려놓고 싶다고도 했다. 그 답답한 마음이 전해져 왔다.

하지만 모든 문제는 또 하나의 답이기도 하고 모든 불행은 행복의 시작이기도 하다. 모든 일에는 부정적인 요인만 있는 것이 아니라 긍정적인 것도 숨어 있기 때문이다.

이 어머니에게도 그런 지혜가 필요했다. 문제를 문제로만 보지 말고 새로운 길을 열어 주는 좌표로 한번 생각해 볼 필요가 있었다.

어머니는 "모든 희망이 다 무너졌는데 대체 어떻게 좋은 계기가 된다는 거예요."라며 오히려 화를 냈다.

"그동안 아들이 아무런 목적도 없이 어머니께서 시키는 대로 공부만 해 왔잖아요. 이번에 자기 인생의 목표에 대해 한번 제대로 고민해 볼 수 있는 기회가 생긴 거니까 분명 좋은 계기가 되겠지요."

"하지만 지금 제 동기들은 1분 1초를 다퉈가면서 공부하느라 바쁜데 그런 고민으로 시간을 잡아먹고 있어도 되겠어요?"

"뭐가 중요한지부터 먼저 봐야죠. 아무 생각 없이 대학에 갔다가 중간에 학교를 그만두겠다고 하는 것보다는 오히려 낫지 않을까요? 또 대학을 졸업하고 전공대로 취직을 해서 살다가 갑자기 '내 인생은 아무것도 아니고 내가 이렇게 불행하게 된 건 엄마 때문'이라고 원망하게 되는 것보다는 낫지 않을까요? 지금 고민하는 게 오히려 더 나을 수 있습니다."

그제야 어머니는 동감하며 걱정을 조금 덜어내는 듯 보였다.

아들이 대학을 거부한 것은 지금까지의 삶이 행복하지 않았기 때문이다. 본인 스스로 인생이 잘못 흘러가고 있다고 판단하고 제동을 걸었다는 것은 우리나라 입시교육을 받고 자라난 학생으로서는 거의 기적 같은 일이다. 어쩌면 어머니가 생각하는 것보다 아들의 세계관은 훨씬 더 건강하고 어른스러운지도 모른다.

부모가 보여 주는 호의와 지지가 부모와 자녀 간의 관계를 더욱 긴밀하게 만들어 주고, 이를 바탕으로 아이는 현재의 삶에 대한 만족감과 함께 미래에 대한 새로운 도전과 자신감으로 자기의 길을 찾아 나설 수 있다. 생각을 조금만 바꾸고 문제를 바라보면 이렇게 다른 모습들이 보이기 시작한다. 어쩌면 시각을 조금 바꾸는 것만으로 대다수의 문제를 해결할 수도 있을 것이다. 발달된 사회일수록 하나의 문제를 바라보는 시각이 다양하고, 그런 사회일수록 문제를 해결하는 능력도 강하다.

문제의 발단 찾기

문제의 발단을 찾는 과정도 매우 중요하다. 공부를 잘하던 아이가 갑자기 대학을 거부하기까지는 분명히 어떤 원인이 작용했을 것이다.

모든 문제에는 지진과 태풍처럼 진원지가 있기 마련인데 그 진원지를 찾기만 해도 문제가 반은 해결된 셈이나 마찬가지다.

그런데 열등감 있는 부모는 문제의 발단, 문제의 진원지를 찾는 것에 관심을 기울이지 않는다. 그것은 진실을 마주 설 용기가 없기 때문이며, 아이가 대학을 거부하는 원인이 혹시 자신에게 있지 않을까 하는 두려움이다. 그럴 수 있다. 하지만 그 원인을 밝히지 않고 묻어 둔 채 이미 일어난 현상에만 몰두한다면 거부하는 아이의 마음을 돌리는 것도 불가능하다.

"왜?"라는 질문을 던지지 않고 무작정 "네가 마음을 바꿔."라고 할 수는 없다. 합리적으로 설득하지 않고 아이를 마음대로 끌고 갈 수도 없을뿐더러 그렇게 해서도 안 된다.

발단을 찾아내는 과정에는 전문가 또는 제삼자가 개입하는 것이 좋다. 부모의 힘만으로 원인과 발단을 찾아내는 것은 힘들기 때문이다. 특히 부모가 원인으로 작용할 때는 더더욱 그러하다.

이번에는 필자가 그 역할을 담당했다. 아이와의 상담을 통해 밝혀진 원인은 예상과 크게 다르지 않았다.

부모님 두 분 다 좋은 대학을 나왔지만 두 분 모두 자신의 직업과 삶에 만족하지 못한 것이 원인이었다. '내가 죽도록 공부해서 일류대학을 나와 봤자 결국 부모와 비슷한 삶을 살겠구나.' 하고 생각하니 갑자기 대학에 대한 전면적인 거부가 일어난 것이다.

아이가 생각하기에 아버지는 좋은 대학을 나왔기 때문에 다른 것은 전혀 고려하지 않고 오로지 대학 졸업장이 부끄럽지 않은 회사에 들어갔고, 결국 그 때문에 좋아하지도 않은 일을 하면서 살고 있었다. 언제나 늦게 퇴근했고 집에 와서는 회사 상사나 동료의 욕을 하고 '이놈의 직장 얼른 때려 치워야지.'를 입에 달고 살았다.

어머니도 별 다를 바가 없었다. 대학 졸업장이 부끄럽지 않은 남자를 만나 결혼하는 것에만 급급했기에 서로 맞지도 않은 성격을 맞추며 불행한 결혼생활을 이어가고 있었다. 아이가 보기에 아버지나 어머니나 대학 졸업장은 그들의 자부심이 아니라 삶의 굴레였다. 결국 아버지와 어머니가 보여준 모습들이 아이가 대학을 거부하게 만든 결정적인 원인이었다.

아이의 의견을 긍정적으로 반영하기

이제 문제를 해결해야 하는 단계에 이르렀다. 여기서 중요한 것은 얼마나 빨리 문제를 해결하느냐, 얼마나 완벽하게 문제를 해결하느냐가 아니다. 중요한 것은 문제를 해결하는 과정이자 방법이다. 그 과정에서 아이가 어떤 역할을 하고 부모는 어떤 역할을 할 것인가, 아이와 부모가 충분히 합의하고 공감해서 결과에 이르느냐가 중요하다.

우리나라의 부모가 흔히 저지르는 실수는 아이의 말을 잘 들어주고 문제의 발단도 잘 찾아낸 다음, 결론을 부모 마음대로 내 버린다는 것이다.

"그래. 네가 그런 이유 때문에 대학에 안 가겠다고 했구나. 그럴 수밖에 없었던 상황을 이해한다. 그런데 대학은 가야 해. 알았지? 그러니까 이제 네 방에 들어가서 공부해."

극단적으로 표현하면 대략 이런 모습들이다. 결론을 이렇게 내 버리면 앞의 과정은 아무런 의미가 없다. 아이는 힘들게 달려와서 결국 벽에 부딪치고 나동그라지는 경험을 하는 셈이다. 그런데 부모 가운데 열의 아홉은 이렇게 행동한다. 결론은 무조건 부모의 몫이라고 확고부동하게 믿고 있는 셈이지만 부모가 문제의 중심에 뛰어들어 일방적인 명령과 지시만 해서는 안 된다. 아이가 처해 있는 현 상황을 있는 그대로 이해하고 받아들일 수 있는 여유를 가짐으로써 아이와 함께 구체적인 해결 방법에 대해 논의할 수 있어야 한다.

예를 들어 "그럼 너는 지금부터 기숙사를 나와 집에서 학교를 다니면서 기본적인 수업만 받고 싶니? 아니면 아예 일반 인문계로 전학을 하고 싶니?" 같은 질문을 아이에게 던지면 아이는 자신의 의견을 말할 것이다.

물론 아이는 자기의 눈높이에서 문제를 바라볼 것이다. 부모의 시선에는 턱없이 낮은 높이다. 그러나 아이 눈높이에서 바라보기에 부모가 모르는 것을 볼 수 있을지도 모른다.

아이가 제시한 해결 방법이 서툴러 보이더라도 그것을 존중하고 결과에 반영할 수 있어야 그것이 옳은 해결 방법이 된다. 도저히 수용할 수 없을 때는 느낌과 감정을 솔직하게 이야기하되, 야단을 치거나 질책하는 것은 금물이다.

현실에서는 "거기 들여보내려고 쓴 과외비가 얼만데." 같은 질책이 불쑥 나올 수 있겠지만 그런 한풀이는 문제 해결에 도움이 되지 않는다. 그보다는 "무턱대고 전학을 하기엔 그 학교에 들어가기 위해 바친 노력이 너무 아쉽다는 생각이 드네. 그러니까 또 다른 방법들을 한번 고민해 보기로 하자."는 식으로 생각은 전달하되 아이를 자극하지 않는 것이 좋다.

또 중요한 것은 문제 해결의 주인공인 아이가 문제 해결을 중도에 포기하지 않도록 격려하는 것이다. 분위기가 험악해지고 부모가 질책을 거듭하면 "몰라요. 그냥 학교 때려칠 거예요." 하거나 "그럼 입 다물고 학교 다닐게요. 됐죠?" 하고 나올 수도 있기 때문이다.

서로의 생각 차이 인정하기

부모는 아무리 생각하고 생각해도 아이가 이해되지 않을 것이다. 부모의 가치관 안에서 특목고는 절대적인 위치를 차지하고 있으니 당연한 일이다. 부모 입장에서는 가고 싶어도 가기 힘든 특목고를 제 발로 그만두려는 아이를 이해하기 힘들고, 아이 입장에서는 대학에도 가지 않을 텐데 치열한 입시 경쟁 속에 3년을 더 보내란 부모의 말을 받아들이기 힘들었을 것이다.

이때 부모와 아이의 가치관이 강하게 충돌하게 되는데, 부모는 한 가지 사실을 알아야 한다. 아이가 자기의 생각을 이렇게 밝힐 수 있는 것은 아이가 그만큼 건강하게 성장했다는 증거이다. 부모가 조종하는 인생을 살지 않고 스스로 인생을 개척해 나간다는 것은 분명 박수를 쳐 줄 만한 일이다. 물론 아이가 원하는 인생이 부모가 원하는 인생과 다르다는 것이 안타까운 일이긴 하지만 말이다.

가치관이 부딪칠 때는 한 가지 방법밖에 없다. 서로의 생각 차이를 인정하는 것이다. 인정하면 싸울 일이 없다. 부모는 상담자이자 의사는 될 수 있다. 상담자는 방법을 내담자에게 주고 의사는 처방전을 환자에게 준다. 방법을 그대로 따를 것인가, 처방전대로 약을 타서 먹을 것인가는 온전히 내담자와 환자, 즉 아이의 몫이다.

그러니 방법은 차이를 인정하는 것밖에 없다. 부모가 먼저 생각의 차이를 인정하면 아이도 그것을 인정하게 된다. 부모가 한발 양보해 "네 생각은 이해가 간다."라고 말해 주면 아이 역시 "엄마, 아빠가 반대하는 이유는 충분히 알아요."라고 한발 양보해 줄 것이다.

서로 한발씩 뒤로 물러나면 그만큼 여유가 생기고, 여유가 생기면 좀 더 깊은 생각을 할 수 있고 그로 인해 더 나은 결과에 다다를 수 있다. 부모도 생각을 하고 아이도 생각을 하게 된다.

결론이 어떻게 나든 문제를 해결해 나가는 과정에서 이들 가족은 많은 것을 배웠을 것이다. 그리고 이렇게 훌륭한 과정을 통해 찾아낸 결과이니만큼 그 결과 역시 걱정하지 않아도 될 것이라 믿는다.

08 나가며: 긍정적인 사고로 열등감에서 탈출하라

팔다리가 없이 태어나 평생 전동 휠체어에 몸을 의지하고 살아가야 하지만 누구보다 밝고 건강하게 자기의 인생을 개척해 나가는 청년이 있다. 국내에도 소개되어 베스트셀러가 되었던 『오체 불만족』의 저자 오토다케 히로타다의 이야기다.

성인이 된 그의 팔다리는 고작 10cm에 불과한데 그런 팔다리로 그는 달리기부터 야구, 농구, 수영에 이르기까지 못하는 운동이 없다. 그는 자신의 몸이 불편하기보다는 개성적이라고 생각하는 사람이다.

오토다케 히로타다가 이렇게 멋진 사람으로 성장하게 된 것은 순전히 그의 부모 덕분이다. 특히 어머니가 미친 영향이 매우 컸다.

팔다리 없이 태어난 아기를 처음 받아든 순간 어머니가 처음으로 내뱉은 말은 "어머, 귀여운 우리 아기……."였다.

보통의 어머니라면 아마도 충격을 받고 실신했을지도 모를 일이다. 하지만 히로타다의 어머니에게 히로타다는 그저 자기가 낳은 귀여운 아이였을 뿐이다. 장애보다는 존재감을 먼저 느꼈고, 그 존재감이 전부였다.

어머니는 히로타다가 뺨과 어깨 사이에 연필을 끼워 글을 쓰고, 지렛대의 원리를 이용한 포크로 식사를 할 수 있도록 도와주긴 했지만 늘 보통 아이처럼 대했다. 특별히 아이를 보호하기 위해 애쓰지도 않았고 다른 사람들이 볼까 두려워하지도 않았다.

이미 여러 번 반복한 말이지만 부모는 아이가 만나는 최초의 관계이자 사회이다. 그 관계로부터 거부를 받지 않았기 때문에 히로타다는 열등감 없는 아이로 자라날 수 있었다. 어머니가 자기를 너무나 사랑해 주고 인정해 주니 분명 다른 이들도 그럴 것이라 생각한 것이다.

오토다케 히로타다는 비록 몸은 불편할지라도 마음만큼은 이 세상에서 가장 열등감 없는 사람 중 하나일 것이다. 그리고 히로타다의 어머니 역시 그 누구보다 열등감 없는 사람일 것이다. 그녀의 놀라운 긍정성이 그것을 말해 준다. '나는 모든 것을 할 수 있다.'라고 하는 자신을 향한 신념과 용기를 갖고 자신의 열등감과 당당하게 맞설 때 열등감은 오히려 성공을 향한 원동력이 된다.

열등감으로부터 벗어나기 위해서 가장 필요한 것은 '긍정적인 마음을 갖는 일'이다. 아이가 어떤 문제를 보일 때 문제 하나하나에 지나치게 의미를 부여하고 자책한다면 상황은 더 나빠져 갈 뿐이다. 지나친 의미 부여와 자책은 문제를 해결해 주지 못한다. 문제를 해결해 주는 것은 이성적인 생각과 행동이고 이성적인 생각과 행동을 가능케 하는 것이 바로 긍정적인 마음이다.

만약 초등학생인 아이가 친구의 지갑을 훔쳤다고 치자. 이때 하늘이 무너진 것처럼 반응하는 부모가 제일 부족한 부모다. 아이에 따라 도덕적인 개념이 조금 늦게 생기는 아이도 있다. 지갑을 훔친 것에 대해서는 분명 따끔한 대가를 치러야 하겠지만 그 문제를 대하는 부모의 태도에 따라 그 후 아이의 행동에는 큰 차이를 보일 것이다. "도둑질은 분명 나쁜 짓이야. 앞으로 다시는 이런 짓을 해서는 안 돼. 하지만 누구나 실수를 할 수는 있으니까 이번엔 너를 용서해 줄게. 대신 다시는 이런 짓을 하면 안 돼."

잘못을 제대로 잡아 주긴 하되 아이가 지나친 죄책감에 빠지게 만들어선 안 된다. 만약 한 번의 호기심과 실수로 일어난 일에 대해 엄청난 범죄를 저지른 것처럼 부모가 지나치게 부정적인 처벌을 한다면 아이는 죄책감이나 반발심을 이기지 못해 가출을 시작하거나 급기야 소년원을 전전할 수도 있다. 그런데 가끔 이런 일로 아이를 쥐 잡듯이 잡고 외출을 금지시키거나 심지어는 동네에 소문이 나서 창피하니 이사를 가자고 하는 엄마도 있다.

저학년인 아이는 행위의 잘못 자체를 구분하는 능력이 부족하다. 이것이 나쁜 행동인지 아닌지 잘 모른다는 말이다. 어른들의 반응을 통해 그것을 조금씩 깨달아 간다. '밥을 먹지 않으면 조금 야단을 맞고 친구 지갑을 훔치면 많이 야단을 맞는구나.' 하는 식으로 말이다.

지갑을 훔쳤다고 해서 정말 이사를 간다면 어떻게 될까? 아이는 자기의 잘못으로 가족들이 이사를 갔다는 사실을 평생 죄책감으로 간직하며 살아가게 될 것이다. 세월이 지나도 이런 형태의 수치심은 절대 사라지지 않는 법이다.

부모가 아이에게 줄 수 있는 최고의 선물도 긍정이고, 부모가 자신에게 줄 수 있는 최고의 선물도 긍정이다. 열등감을 벗어나기 위해 절대적으로 필요한 것도 바로 긍정이다.

4장
열등감 없는 행복한 아이로 만들기

아이들은 누구나 창의적이고 자신감 넘치는 어른으로 성장하고 싶어 한다. 그런데 부모의 열등감 때문에 행복한 어른으로 성장하는 법을 배우지 못하고 마치 포구에 다다르지 못하고 좌초하는 배처럼 정신적 고난을 겪게 된다.

비록 지금은 아이가 문제 행동을 보이고 있다 하더라도 그것들은 모두 해결할 수 있는 문제들이다. 아이가 보이는 행동 대부분은 부모의 열등감으로부터 자신을 지키기 위한 방어적인 행동이기 때문에 부모가 먼저 변하기 시작하면 아이는 놀라운 속도로 바뀐다.

4장에서는 열등감을 넘어 행복한 아이로 만드는 교육법을 소개하고자 한다. 스스로 삶을 주도할 줄 알고 열정이 있으며, 자유롭고 친구들과 잘 어울리는 아이는 부모의 욕심으로 만들어지는 것이 아니다. 부모가 열등감을 모두 내려놓고 진심으로 아이와 소통할 때 비로소 행복하고 건강한 아이를 마주할 수 있다.

01
자율성, 주도성 있는 아이로 키우기

아이의 자율성이 생기는 시점은 대략 세 살에서 다섯 살 전후이다. 이때 부모가 아이를 어떻게 키우느냐에 따라 아이는 자율적인 아이 또는 부모에게 의존적인 아이가 될 수 있다.

이 무렵 아이는 밥을 먹을 때도 자기가 숟가락을 잡겠다고 고집을 피우기 시작한다. 길을 걸을 때는 부모의 손을 거부하고 혼자 걸어가려 한다. 재미있는 것은 어느 아이나 다름없이 이런 시기를 거친다는 것이다. 공원에서 부모보다 두세 걸음 앞서서 열심히 걸어가는 아이가 있다면 이 시기에 접어든 것이다.

이 시기에는 부모의 개입이 중요하다. 아이가 밥 먹는 모습을 가만히 지켜보니 입으로 들어가는 밥은 하나도 없고 죄다 옷에 붙거나 밥상에 떨어질 뿐이다. 처음에는 그냥 두고 보다가도 일정 시간이 지나면 대부분의 부모가 개입을 한다. 아이를 제대로 먹여야겠다는 생각 때문이기도 하지만 일거리가 늘어나는 것에 대한 귀찮음도 작용한다. 옷에 붙은 밥풀을 떼고 밥상이며 방바닥을 치워야 하는 것이 귀찮은 것이다.

걸을 때도 마찬가지다. 저렇게 뒤뚱거리다 넘어지기라도 하면 아이가 다치는 일도 겁나지만 옷을 버리게 되는 것도 귀찮다. 울면 안아서 달래 줘야 하니 일도 커진다. 그래서 결국은 몇 걸음 안 걸리고 손을 잡아 버리는 것이다.

이런 일들이 반복되면 아이의 주도성은 점점 억제 당한다. "흘리니까 엄마가 먹여 줄게.", "혼자 걸으면 위험하니까 엄마 손 잡자." 이런 말들이 아이를 위하는 말 같지만 장기적으로는 그다지 좋은 영향을 미치지 못하는 셈이다.

그럼 어떻게 해야 할까? 가장 좋은 방법은 아이의 행위가 마음에 들지 않더라도 일단 칭찬부터 하고, 그대로 계속 두고 볼 수 없을 때는 새로운 방법을 제시해서 아이를 도와주는 것도 좋다.

"정말 잘 먹네. 그런데 엄마가 조금만 도와줄게." 하면서 밥을 덜 흘리도록 밥상을 가까이 대 주거나 손에 쥐기 좋은 숟가락으로 바꿔 주는 것 등, 생각하면 제지하지 않고도 상황을 개선할 수 있는 방법이 많다.

혼자 걸으려는 아이에게도 "정말 잘 걷네. 그런데 여긴 차가 많이 다니니까 우리 저 쪽으로 가 볼까?" 하고 안전한 곳으로 유도하는 것이 "위험하니까 엄마 손 잡아."라고 하는 것보다 좋은 방법이다.

아이의 자율성, 주도성을 억제하면 아이의 잠재 능력도 같이 억제된다. 그림자처럼 따라다니며 간섭하고 모든 행위를 부모가 결정하려다 아이와의 신경전도 늘어만 가고 때로는 대여섯 살 꼬마와 밀고 당기며 싸우는 상황을 연출하는 부모도 적지 않은 것 같다.

부모가 보기에는 아이가 똥고집을 부리는 것 같지만 실은 아이는 온 힘을 다해 자율성을 발휘하고 있는 것인지도 모른다. 혼자 힘으로 뭔가를 시도하려고 하는 노력 자체가 발달 과정에서 중요한 지점이라는 것을 잊지 말자.

자율성과 주도성은 공부와 인생에 큰 영향을 미친다

외국에서 살다 온 사람들은 하나같이 "한국 애들만큼 불쌍한 애들이 없어."라고 말한다. 초등학교에 들어가기 무섭게 사교육 시장에 뛰어들어 대학 들어가기 직전까지 그렇게 살아야 하기 때문이다.

물론 제가 좋아서 배우는 것들도 있지만 대부분의 아이는 부모의 조급함 때문에 할 수 없이 다닌다. 옆집 아이가 미술 학원에 다닌다는 정보를 입수하면 그때부터 엄마의 마음에는 '우리 애만 미술을 안 해서 어떡하나'로 가득 차 있다. 미술 시간에 옆집 애는 칭찬 받고 상을 받는데 자기 아이만 야단을 맞을 것 같은 생각이 든다. 결국 '남들 다 하는데'라는 익숙한 자기 합리화를 앞세워 미술 학원 수강증에 아이 이름을 올리고야 만다.

악기 하나 정도는 다룰 줄 알아야 한다는 생각에 피아노나 바이올린을 배우고 용기가 좀 부족한 것 같다는 말 한마디에 태권도장에 등록하고 그렇게 하나씩 얹다 보니 아이의 오후 스케줄은 온통 학원으로 채워질 수밖에 없다.

예체능이나 특기 적성은 일정 수준에 도달하기까지 혼자 익힐 수 없는 특성을 띠고 있기 때문에 학원을 피해갈 수는 없을 것이다. 문제는 초등학교 과정을 온통 그렇게 살다 보니 아이가 무언가를 스스로 선택하고 거기에 매진하는 자율성은 익히지 못하고 목표 의식도 없이 남들을 따라 사는 데에만 급급해질 뿐이라는 것이다.

이렇게 10년 이상 살다가 성인에 이르니 우리나라 아이들은 성인이 되어도 부모로부터 자립하지 못할뿐더러 성인이면서도 자기 인생을 어떻게 끌고 가야 할지 판단하지 못한다.

정신적으로 부모로부터 독립하고 사회 구성원으로서의 역할을 분명히 해내는 연령대가 점점 늦어지고 있는 것은 분명 부모의 과보호, 어린 시절의 주도성 없이 끌려 다니는 학습 패턴이 많은 영향을 미친다.

아이가 모든 것을 선택하게 할 자신이 없다면 적어도 학원이나 배우고 싶은 취미를 결정하는 과정에라도 적극적으로 개입할 수 있도록 도와줘야 한다.

그리고 이런 결정보다 더 중요한 것은 자신이 선택한 것이 비록 힘들고 어려운 과정일지라도 끝까지 책임을 다 할 수 있도록 격려하는 것이다.

그 과정에서 아이는 제대로 된 인내를 배우게 되고 그것이 평생을 살아가는 데 큰 힘으로 작용할 것이다. 그리고 자신이 선택한 과정이 끝났을 때 얻게 되는 성취감 역시 매우 크다.

부모가 선택한 삶에 대해서는 불평할 수 있고 원망할 수 있지만 본인이 선택한 삶은 그럴 수 없다. 좋든 싫든 자기가 결정한 것이기 때문이다. 힘들어도 이를 악물고 살아가게 되고 그 과정 자체가 무엇보다 큰 가르침이 될 것이다.

기대에 못 미쳐도 인정하자

아이의 자율성을 방해하는 큰 요소 중 하나가 부모의 욕심이다. 상담을 하다 보면 이런 욕심을 솔직하게 고백하는 부모도 적잖게 만난다.

"물론 제가 원하는 대로 해 주고 싶죠. 우리 애도 전자 기타를 배우고 싶다고 일주일을 조르는데 마음 같아서는 '그래 배우고 싶은 거 배워.'라고 해 주고 싶지만 부모 마음이 그렇지 않아요. 그거 배워서 괜히 밴드에나 들어가면 분명 공부는 뒷전이 될 게 뻔하거든요. 그래서 결국은 피아노 학원에 보냈어요. 피아노는 음악 성적에 도움이 되잖아요."

보통 이런 식이다. 이왕 배우는 거 교과 과정에 결정적인 도움을 주는 것으로 배우게 하겠다는 그 마음을 이해 못하는 것은 아니다. 그러나 매번 이렇게 부모가 원하는 욕심에 아이를 끼워 넣다 보면 결국 무엇이 남을까?

가끔 상담을 받는 아이 중에 분노를 가득 담아 "엄마는 자기 하고 싶은 대로만 해요."라고 외치는 아이가 있다. 그 아이는 자라오면서 매번 자신의 선택이 무시당하는 경험을 해 왔기 때문에 아예 뭔가를 선택하고 싶어 하는 의지 자체가 없다. 그리고 마음속 깊은 곳에서는 엄마에게 조종당하고 있는 자신을 부끄럽게 여기고 엄마를 원망하는 마음까지 가지고 있었다.

아이에게 자율성과 주도성을 키워 주고 싶으면 우선 부모의 그 욕심을 좀 덜어 내야 한다. '이걸 배우면 이런 점이 좋고 저걸 배우면 저런 좀이 좋을 텐데' 하고 아무리 아깝고 안타깝더라도 그것이 결국은 부모의 욕심에서 기인하는 것이라는 점을 인정하고 한걸음 뒤로 물러나야 한다.

욕심을 버리고 나면 기대감도 그만큼 낮아질 것이다. 아이가 기대에 못 미쳐도 그것을 받아들일 수 있게 될 것이다. 지금 당장 눈앞에 보이는 성장은 더딜지라도 훗날 아이의 삶이 성장하는 속도는 분명 몇 배나 빠를 것이 분명하다.

아이가 피아노 학원에 다니면 당장 음악 실기 시험은 잘 치게 될지 모르지만 아이는 금세 엄마가 억지로 선택해 준 피아노를 포기하게 될 것이고 훗날 변변한 취미생활 하나 없는 사람으로 살아가게 될지도 모를 일이다.

무엇보다 어린 시절 번번이 자율성이 통제된 삶에 놓였던 아이는 결국 결정적인 순간에 부모의 기대를 저버리게 될 위험이 크다.

자율성, 주도성 있는 아이로 키우는 방법

- 칭찬을 많이 하고 아이의 선택을 지지해 준다.
- 부모가 바라는 방향과 다른 방향으로 아이가 가더라도 일단 인정하고 바라봐 준다.
- 아이의 선택이 많이 잘못되었다 하더라도 부모 마음대로 바꾸기보다는 새로운 방법을 제시하는 선에서 개입한다.
- 아이가 자신의 선택을 끝까지 책임질 수 있도록 꾸준히 격려한다.
- 부모의 욕심은 줄이고 아이가 기대에 미치지 못해도 인정한다.

02 앎에 대한 열정을 가진 아이로 키우기

공부를 잘하는 아이와 앎에 대한 열정을 가진 아이는 다르다. 이 차이부터 우선 분명히 하고 넘어가야겠다.

공부를 잘한다고 해서 모두 앎에 대한 열정을 가진 것은 아니다. 아이의 공부, 학교 안에서의 공부란 좋은 머리, 또는 엄마의 극성으로 인해 어느 정도 발휘될 수 있는 것이기 때문이다. 앎에 대한 열정은 배우는 행위를 전체적으로 포함하는 말이다.

공부는 잘해도 학교를 벗어나기 무섭게 그 어떤 것에도 흥미를 느끼지 못한다면 그 아이는 앎에 대한 열정이 없는 아이다. 그리고 앎에 대한 열정이 없으면 지금 당장은 성적이 좋다 하더라도 그것이 얼마나 오래 갈지 불안하다.

앎의 대한 열정을 가지려면 먼저 삶에 대한 열정과 가치관을 가져야 한다. 요즘 젊은이들의 자살이 사회적으로 큰 문제다. 인생에서 가장 빛나는 시기, 행복한 시기에 자살 사이트를 기웃거리며 동반 자살할 사람들이나 찾고 있다는 것은 얼마나 끔찍하게 슬픈 일인가. 사람들이 자살하는 이유는 저마다 다르겠지만 결국은 삶에 대한 열정이 없기 때문이다. 당장 오늘 아침 잠자리에서 눈을 떴을 때 하루의 삶을 사랑할 열정이 한 톨도 남아 있지 않으니 자살을 선택하는 것이다.

삶에 대한 열정이 없는 사람이 앎에 대한 열정이 있을 리 없고 앎에 대한 열정이 없는 아이가 공부에 대한 열정을 가질 리가 없다.

부모 상담을 하다 보면 자기 아이로부터 기가 막히는 이야기를 듣는 부모를 간혹 만난다. 아이가 엄마에게 "나는 공부도 못하니까 엄마가 나를 죽여. 엄마가 나를 낳았으니까 엄마가 나를 죽여야지." 부모 입장에서 이런 이야기를 들으면 정말 억장이 무너질 것이다.

공부를 못하니까 죽어야 한다고 생각하는 아이라면 그 아이는 학습에 대한 순수한 관심과 흥미 같은 것은 애초에 없다고 봐도 무방하다. 아이는 온통 등수와 성적만이 학습의 전부라고 생각하고 등수와 성적이 인정받지 못하는 삶은 아무 의미가 없다고 생각하고 있다.

어느 부모나 내 아이가 공부를 잘 했으면 하고 생각할 것이다. 그러나 공부를 잘하는 아이를 만들기 이전에 앎에 대한 열정을 가진 아이부터 만들어야 한다. 앎이란 평생을 통해 이뤄지는 것이며 이것이 세상을 바꾸는 커다란 힘이라는 것을 아이가 깨달을 수 있도록 도와줘야 한다.

그렇지 않으면 아이가 잡고 있는 공부의 끈이 언제 끊어질지 모르고 아이는 쉽게 성적에 매몰되는 삶을 살게 될 수 있다.

개인차를 인정하자

초등학생들에게 시험 성적표를 받으면 부모가 가장 먼저 하는 말이 뭐냐고 물어 보았더니 "몇 등 했니?"가 가장 많았다. 많은 부모가 점수보다 등수에 더 신경을 쓰고 있었다. 자기 아이가 90점을 맞았다 하더라도 같은 반 아이들 가운데 반 이상이 90점을 맞았다면 그다지 기뻐하지도 않는다. 대부분 부모는 자기 아이가 남들보다 한층 더 우수하다고 믿기 때문이다.

그런데 공부를 남들보다 더 잘해내기를 바라는 욕심은 가득하면서 정작 아이마다 공부에 대한 개인차가 있다는 것은 인정하지 않는다. 아니, 인정하지 않는 것이 아니라 아마도 인정하고 싶지 않은 것에 가까울 것이다.

"아이에게 공부보다는 기술을 가르쳐 보는 게 어떻겠어요?"

상담 중에 부모에게 이런 말을 했다가는 멱살을 잡히거나 눈 흘김을 당할 위험이 크다. 대부분 부모는 자기 아이가 공부를 잘해 전문직으로 살아가기를 바라기 때문이다. 아이마다 잘하는 것이 있고 그것을 하루라도 빨리 찾아내 소질을 계발시켜야 한다는 것을 알고 있더라도 쉽게 인정하지 않는 부분이다. 이렇게 생각하는 부모의 아이는 그만큼 자신의 행복을 찾기가 어렵다. "옆집의 영식이는 공부를 잘하지만 너는 손이 야무지고 재주가 좋으니까 요리사나 미용사가 되어 보는 게 어떻겠니?" 이렇게 말해 주는 부모를 가진 아이는 정말 운이 좋은 아이다.

아이가 가진 개인차는 때론 시간차이기도 하다. 공부를 잘하느냐 못하느냐를 결정하는 중요한 요건 중 하나가 지능인데, 이 지능을 키워 나가는 변수 중의 하나가 목적 의식이다. 한 마디로 목적 의식이 뚜렷할수록 지능이 발달하고 공부도 잘하게 된다는 말이다.

유리병에 들어 있는 사탕을 꺼내 먹어야겠다는 목적 의식이 생기면 아이는 거기에 온통 집중하게 된다. 집중하다 보면 뇌세포가 활발히 움직이면서 어떻게 뚜껑을 열어야 하는지도 알아차리게 된다.

목적 의식은 일찍부터 발달하는 사람도 있지만 성인이 되어서 뒤늦게 발달하는 사람도 있다. 우연히 고등학교 동창을 만났는데 의사로 일하고 있다고 했다. 고등학교 다닐 때는 분명 성적이 중하위권이었는데, 어떻게 의사가 되었는지 궁금하지 않을 수 없었다.

친구 이야기를 들어 보니 대학을 다니던 중에 어머니가 병으로 돌아가시게 되면서 의술에 대한 강한 목적 의식을 갖게 되었다고 한다. 그래서 학교를 그만두고 다시 재수를 해서 의대를 갔다는 것이다.

고등학교에 다닐 때는 가지지 못한 목적 의식을 뒤늦게 발휘하면서 남들보다 몇 배의 집중력을 보였기에 친구는 아주 단기간에 성적을 향상시킬 수 있었다. 이런 경우가 한두 명이 아닐 것이다. 물론 이와는 반대로 어릴 때는 곧잘 하다가 갈수록 목적 의식을 잃어 흐지부지한 결론을 맺은 이도 많을 것이다.

아이의 실력이 지금 당장 발휘되지 않는다고 조급해 할 필요는 없다. 아이마다 잘할 수 있는 것이 있고 아이마다 제 실력을 제대로 발휘할 수 있는 시간이 다를 수 있으니까.

원인을 찾아내자

앎에 대한 열정이 없는 원인은 크게 자기 자신, 가정환경, 학교환경 세 가지로 나눠 볼 수 있다.

첫째, 원인이 '자신'에게 있는 경우 지능도 중요하지만 건강 정도도 중요하다. 아무리 머리가 좋고 열심히 노력한다 하더라도 몸이 건강하지 못하면 공부에 집중할 수도 열심히 할 수도 없다. 책상 앞에 앉아 있으면 두통이 오고 손발이 저리다면 공부는커녕 만사가 귀찮아질 것이 뻔하다. 이렇게 건강에 문제가 있다면 정신력은 약해지기 마련이다. 건강은 정신력과 연결되고 정신력은 곧 성격을 결정한다.

공부는 성격과 절대적인 관계를 맺고 있다. 여기서 성격이란 착하다, 못됐다가 아니라 얼마나 성취감이 높은가, 경쟁의식이 있는가 등을 말한다. 남에게 지기 싫어하는 성격일수록 그렇지 않은 아이보다 학습 욕구가 높고 그만큼 공부를 잘할 확률도 높다.

김연아가 세계적인 선수가 된 데에도 '독하다' 싶을 정도의 성취감에 대한 의지가 큰 작용을 했다. 공부도 마찬가지다.

둘째, 원인이 '가정환경'에 있는 경우다. 초등학교 때부터 아이의 성적과 학습 형태는 부모의 절대적인 관심과 정비례한다. 이때 부모의 관심이란 경제적인 뒷받침을 이야기하는 것이 아니다. 그보다는 올바른 학습 습관을 길러 주려는 부모의 노력이 더 큰 힘을 발휘한다.

요즘은 '부모의 경제력, 엄마의 정보력, 아이의 머리'가 3박자가 되어 아이 성적이 좌우된다고들 하지만, 결국 아이의 공부를 끌어가는 것은 경제력, 정보력, 머리가 아니라 부모가 보여주는 학습 태도이다.

엄마가 직장을 다니느라 다른 엄마들처럼 정보력이 부족하다 하더라도 자기 일을 열심히 해 나가고 자기 분야에서 성공하기 위해 공부하는 모습을 보여주면 아이는 학습 태도를 저절로 배워 나간다.

그런데 그저 경제적인 부분만 지원해 주면 된다고 생각해 아이에게 고가의 과외와 학원을 강요하면서도 정작 집에서는 늘 TV만 보는 부모, 자기 일에 열정도 관심도 없는 부모, 집에서는 책 한 줄도 읽지 않는 부모를 두고 있다면 아이는 결코 앎에 대한 열정을 가질 수 없다. 열정이라는 것은 결코 돈으로 어떻게 채워 줄 수 있는 부분이 아니다.

셋째, '학교환경적인 요인'이다. 앎에 대한 열정은 가정에서 만들어진 기본 틀을 바탕으로 학교라는 사회 공동체 속에서 확실하게 펼쳐지는 것이다. 학교 교육에서 특히 중요한 것은 교사의 능력이다. 어떤 선생님을 만나느냐에 따라 아이가 흥미로운 학습을 경험할 수도 있고 반대로 지루한 학습을 경험할 수도 있다.

학습에 대한 열정이 없는 아이의 특징

- 주의 집중력이 부족하다. 특히 결정적인 순간에 집중을 하지 못하고 산만하다.
- 이런 아이는 어릴 때부터 조용히 앉아 책을 읽는 습관을 기르지 못한 경우가 많다. 이럴 때는 혼자 공부하는 것보다 공개적인 장소인 도서관이나 독서실에서 꼭 필요한 두세 과목만 공부하게 하는 것이 좋다.
- 불규칙적인 학습으로 학습 자체를 미루는 버릇이 있다.
- 학습 흥미를 느끼지 못하는 가장 큰 원인 중 하나가 바로 학습 자체를 미루는 습관 때문이다. 학습 효과는 예습과 복습이 관건이다. 당일 배운 내용을 최소한 복습이라도 하고 학교에서 부여한 과제라도 성실히 수행하게 한다. 이럴 때는 평소 공부뿐 아니라 생활에서부터 규칙적인 습관을 길러 주어야 한다.
- 학습에 대한 흥미 상실이 심각하다.
- 학습은 1차적으로 흥미에서 모든 동기가 유발된다고 할 만큼, 학습에 대한 재미가 중요하다. 흥미를 유발시킬 수 있는 조력자가 곁에서 도와줄 필요가 있다. 이럴 때는 공부를 잘하는 친구와 함께 공부하는 것도 좋은 방법이다.
- 인내심이 부족해 쉽게 포기한다.
- 인내심은 공부에 꼭 필요한 덕목이다. 삶을 살아가는 것과 마찬가지로 공부도 단계마다 고비가 있고 그 단계를 넘어가면서 실력이라는 것이 향상되기 때문이다. 인내심의 바닥을 드러낼 때 부모가 적절히 개입해 아이를 격려해 주어야 한다. 이럴 때는 학습 과정을 한 단계 거칠 때마다 적절한 보상을 해 주는 것도 좋은 방법이다.
- 추상적인 개념을 갖고 있고 어휘력이 부족하다.
- 이런 유형의 아이는 구체적인 의사 표현이나 정확한 감정 표현을 하기

보다는 대충 그럴듯하게 넘어가는 것이 특징이다. 핵심이 없고 아무 단어나 내뱉는 것이 몸에 익으면 공부를 하면서도 구체적인 단어나 어휘를 익히지 못한다. 이럴 때는 심한 경우라면 인지 구조에 문제가 있는지 알아보고, 그런 문제가 아니라면 아이가 표현을 할 때 그 내용을 듣고 다시 한 번 구체적으로 표현할 수 있도록 부모가 반복시켜 주는 것도 좋은 방법이다.

동기 부여가 열정을 부른다

아이가 공부를 못하는 이유는 동기부여를 제대로 못했기 때문이다. 공부를 하는 동기에 대해서는 잘못 알고 있는 부모가 많다.

명문대를 가고 싶다는 것은 동기가 아니라 그냥 단순한 바람일 뿐이다. 왜 명문대를 가고 싶은지 생각해 보아야 한다. '왜?'라는 질문을 던졌을 때 나오는 답이 바로 동기다.

결국은 어떤 삶을 살아갈 것인가 하는 문제에 가 닿게 되고 그것이 결국은 동기가 되어야 한다. 즉 삶에 대한 구체적인 의욕이 동기가 된다는 말이다.

멋진 삶을 살기 위해서 명문대라는 코스가 필요하다. 그럼 명문대에 들어가기 위해서는 어떻게 해야 할까? 만약 부모가 이런 종류의 질문을 한다면 아이는 이렇게 대답할 것이다. "공부 열심히 하는 거요." 이때 부모가 "그래, 그럼 열심히 해라."로 대답한다면 여기서 끝이다. 아이의 변화 역시 기대하기 힘들다. 반드시 '방법'이 필요하다.

구체적인 '방법'을 생각해 보자. 우선 필요한 것은 아이의 실제 수준을 파악하는 것이다. 아이는 지금 40명 중에 35등을 하고 있다. 이 성적으로 명문대에 입학하는 것은 거의 불가능하다. 이 불가능을 가능으로 바꾸기 위해 필요한 것이 바로 열정이다. 구체적으로 성적 향상을 가능케 하는 열정 말이다.

평소에 35등을 하는 아이가 명문대에 들어가기 위해 20등을 하겠다고 하면 엄마는 이렇게 말할 것이다.

"20등 해서 어떻게 서울대 가니?" 엄마가 생각하기에는 적어도 반에서 10등은 해야 희망이라도 가져 볼 수 있을 것 같다. 그런데 현실적으로 35등을 하던 아이에게는 20등을 하는 것도 쉽지 않은 일이다. 그러니 10등이란 등수는 얼마나 요원한 등수겠는가. 실제로 시험을 쳤을 때 10등은커녕 20등도 되지 못할 확률이 높다.

그런데 아이가 만약 30등을 했다면 엄마는 어떻게 반응해야 할까? "그러게 내가 뭐라고 했니?" 하는 식으로 애초에 무리한 약속을 하고 그것을 지키지 못한 아이를 비난한다면, 아이의 학습 의욕은 현저하게 떨어질 것이다. 아이가 20등을 말할 때, 엄마는 차라리 30등 정도의 적정선을 잡아 주는 것이 좋다. 현실적으로 가능한 등수 안에 통과되었을 때 아이가 느끼는 성취감은 대단하다. 무리하게 계획을 세우고 지키지 못하는 것보다는 조금 낮은 계획을 세우고 지키는 것이 좋다.

아이 스스로가 자기의 능력을 믿게 만드는 것이 성취 동기를 부여하는 것이다. 그래야 자기에 대한 신뢰감이 생기고 그것이 곧 힘이 된다.

특히 엄마가 무리한 계획을 세우고 거기에 상품까지 걸게 될 경우, 아이가 욕심을 가지고 덤볐다가 현실적인 벽에 부딪쳐 실패하게 되면 박탈감이 더 커진다. 20등을 하면 MP3 플레이어를 받을 수 있는데 20등이 되지 못했다면, 아이는 20등을 못 한 슬픔에 MP3 플레이어가 날아간 슬픔까지 이중고의 슬픔을 느껴야 하기 때문이다.

아이가 최선을 다했다면 비록 약속한 등수에 들지는 못해도 엄마가 상품을 주는 것이 좋다. 아이가 정말 열심히 했다면 그 자체만으로도 격려를 해줘야 성취감이 살아날 수 있다.

그런데 대부분 엄마는 "다음에는 꼭 20등 해. 그럼 엄마가 MP3 플레이어 사줄게."라며 아이를 채근하게 된다. 욕심을 줄일 수 없기 때문이다. 이런 식으로 엄마의 기대치와 아이의 현실감은 점점 더 멀어지는 것이다.

이렇게 합리적인 동기 부여란 학습에 있어서 매우 중요하다. 이것이 곧 앎에 대한 열정으로 연결된다.

03 생각이 자유로운 아이로 키우기

한동안 우리 사회에서는 자율적이고 창의성이 뛰어난 사람을 조직 문화에 쉽게 동화될 수 없는 사람으로 간주했다. 상사들은 '명령에 살고 명령에 죽는' 충성스러운 부하 직원을 요구했고, 간혹 새로운 아이디어를 내거나 자기보다 뛰어난 능력을 보이는 부하 직원이 있으면 그를 무력화시키거나 과소평가하기에 급급했다. 그런 분위기 속에서는 제아무리 뛰어난 능력을 가진 개인이 있어도 집단이 거부하기에 퇴출 아닌 퇴출을 당할 수밖에 없었다.

그러나 이제는 분위기가 180도 달라졌다. 국가 기관을 비롯하여 공기업, 사기업 할 것 없이 개인의 능력을 최대한 발휘할 수 있도록 장려하고 있다. 이것만이 국가 경쟁력을 향상시키고 개인의 능력을 창출하는 길이기 때문이다. 현대 사회는 창의적이고 기발한 아이디어 없이는 남보다 앞서기 힘든 사회이다.

이런 창의성은 제대로 된 교육에서 나온다. 물론 교육이란 학교 교육만을 지칭하는 것이 아니다. 기업 교육을 비롯한 모든 종류의 사회 교육이 포함된다. 평생 교육이라는 말도 있듯이 교육은 어느 조직이나 집단을 막론하고 생산성과 직결된다.

교육은 붕어빵을 구워 내듯이 틀에 박힌 똑같은 인재만을 길러 내는 것이 아니라, 각 개인의 고유한 특성을 적극적으로 살려 낼 때 비로소 소기의 목적을 달성할 수 있다. 유능한 사람일수록 자신의 능력뿐만 아니라 상대방의 보이지 않는 능력을 인정하고 계발시키려 노력한다. 장기적으로 볼 때 그것이 곧 자신의 능력을 돋보이게 하는 길임을 인식하기 때문이다.

현대 사회는 상사에게 맹목적으로 복종하는 사람이 아니라 자기 나름대로의 개성을 가지고 소신껏 일하는 창의적인 사람을 선호한다. 시키는 일만 하는 사람이 아니라 새로운 방법을 모색하고 제도적인 틀과 고정관념을 깨뜨리려는 사람을 높이 평가한다. 바로 이런 사람들이 창의적인 사람이다.

창의성은 교육의 핵심 키워드이며, 자아실현뿐 아니라 국가 발전을 위해서도 매우 중요하다. 최근 교육계에서는 창의성을 높이기 위한 교육 과정의 하나로 대학 입시에도 논술 시험을 강조하고 있다. 창의성은 개인의 삶뿐 아니라 기업도 바꾸어 놓는다. 소수의 창의적인 사람들이

기업의 생산성을 높이고 수익성을 제고하며 사업의 성패를 좌우하는 것이 이제는 흔한 일이 되었다.

창의성이 높은 아이의 특징

창의성이 높은 아이는 평범한 아이에 비해 호기심이 강하고, 자기의 일이나 생각과 신념에 대해서도 확신을 하고 있다. 실수할까 봐 두려워서 움츠리거나 불안해 하지 않는 대범함이 있다. 주변의 여러 문제나 사물에 의문을 갖고 끊임없이 이의를 제기하는 성향을 띠고 있어 결국 변화에 대해서도 개방적이다. 변화 자체를 당연한 것으로 받아들이고 인정하며 거기에 적응하려는 적극적인 태도를 보인다. 창의적인 아이는 다음과 같은 특성을 보인다.

- 다양한 경험을 하고자 어떤 모임이나 단체 활동에 적극 참가하며 모든 일에 적극적이다.
- 사소한 일이지만 자기의 관점에서 논리적으로 생각하고 문제 의식을 갖고 대응한다.
- 반대에 대해서는 자기 생각을 꼭 이야기해서 그렇지 않다는 것을 보여주려 한다.
- 자기의 의사 표현이 분명하고 분위기에 따라 일방적인 결정에 휩쓸리지 않으려고 한다.

- 주변 사람이 봤을 때는 주의 집중력이 부족하여 산만하거나 버릇 없는 아이로 여긴다.

아이의 창의성을 키워 주기 위해 부모가 해야 할 일

창의성만큼 부모의 역할이나 참여가 중요한 단계도 없다. 다른 발달에 비해 특정 시기에 최대한 발달 과정을 높이는 것이 중요하기 때문이다. 지능이 높다고 창의성이 높고 지능이 낮다고 창의성이 부족한 것은 아니다.

부모의 역할에 따라 창의성을 높일 수도 낮출 수도 있다. 잘하는 아이는 그냥 내버려둬도 잘하지만, 그렇지 못한 아이를 잘할 수 있도록 만드는 것이 부모의 능력이다. 그렇다고 모두가 그렇게 할 수 있는 것은 아니지만, 자녀 양육 방법이나 교육 가치관에 따라 달라질 수 있다.

부모가 언제, 어떤 방법으로, 어떻게 개입하느냐에 따라 창의성 발달은 현격한 차이를 보인다. 성인이 된 대학생에게 개입하는 것보다는 유아기 발달 단계에 있는 아동에게 개입하는 것이 훨씬 효과적이다. 부모가 일방적이거나 강압적인 태도로 아이를 양육하기보다는 자유로운 분위기 속에서 아이의 의사를 존중하고 아이 스스로 자기의 사고와 행동에 대해 책임감을 갖게 해 줄 때 아이는 보다 창의적이 된다.

어떤 사물을 보고 자기 생각을 이야기하는 기회를 많이 마련해 주되 정형화된 질문과 답변을 요구해서는 안 된다. 경우에 따라서 아이는 말도 안 되는 질문이나 답변을 하기도 한다. 그럴 때 대개의 부모는 자신의 고정관념에 따라 거기에 어긋나지 않는 정형화된 사고를 원하지만, 창의성이 높은 아이일수록 사고 자체를 특정한 틀 속에 집어넣으려는 것 자체를 싫어한다.

창의적인 아이는 창의적인 부모가 만든다. 어릴 때부터 사소한 호기심에서부터 수많은 의문을 제기하도록 하는 창의적인 부모 밑에서 자란 아이일수록 전혀 생각지 못했던 아이디어로 가득하다.

만약 아이가 다양한 질문을 쏟아 내면 이를 거부하거나 잔소리로 받아들이기보다 아이 입장에서 왜 그런 궁금증이 생겨났을까 생각하고 아이와 함께 고민에 빠져 보는 것이 좋다.

식당에서 메뉴를 결정할 때에도 무조건 부모가 결정하기보다 아이에게 선택권을 주고 아이가 직접 주문하도록 하는 것이 좋다. 학원에 보낼 때도 아이의 요청에 따라 부족한 과목을 보충하는 형태로 학습 동기를 유발시켜 주는 것이 훨씬 효과적인 학습 결과를 가져온다.

무조건 종합반에 등록한 후에 가서 공부하도록 해 보아야 유익은커녕 오히려 부작용을 낳기 쉽다. 이런 문제들을 아이와 협의하기 위해서는 사전에 지속적인 대화가 필요하다. 부모의 인내심이나 눈높이를 같이하는 친밀한 삶의 태도가 우선되어야 하며, 아이의 생각이나 행동에 대해 관대해질 때 이런 일이 가능하다.

무엇보다 부모 자신이 먼저 창의적인 부모가 되어야 한다. '콩 심은 데 콩 나고 팥 심은 데 팥 난다'는 속담처럼 가정에서 솔선수범하는 분위기를 실천하라.

온 가족이 함께 식탁에 모여 더 많은 시간을 나눌 수 있도록 하되, 이 시간은 부모가 아이의 이야기를 들어주는 시간이란 것을 잊지 말자.

부모의 노력 여하에 따라 아이의 창의성은 달라진다. 사소한 일이라도 함께 생각하며 전혀 다른 주장이나 논리를 전개하더라도 그 입장에서 들어주고 이를 부모식으로 고치려 하지 말자.

아동의 발달 과정에 따라 다양한 경험과 생각, 행동 등을 해볼 수 있도록 노력하되 절대로 중간에 포기하지 마라. 부모가 포기하는 모습을 보이는 것은 자녀에게 포기하는 법을 가르치는 일이란 것을 명심해야 한다.

04 남과 잘 어울리는 행복한 아이로 키우기

최근에 미국 버지니아 공대에서 일어난 총기 난사 사건으로 전 세계가 경악한 적이 있었다. 대부분의 우리나라 사람들은 범인이 한국인 1.5세대 유학생이라는 사실에 충격을 받았겠지만, 필자는 이 사건이 순간적인 충동이나 우발적인 감정 폭발에 의한 단순 총기 사건과는 달리 사전에 치밀하게 계획된 것이었다는 점이 더욱 충격이었다.

학교생활이나 수업 참여, 친구 관계 등으로 미루어 범인은 사회성이 결핍되어 있었음이 틀림없다. 이를 한 개인의 정신병리적인 이상행동으로 치부할 수도 있겠지만, 이를 계기로 한국 교육계에 만연해 있는 전반적인 병리 현상에 대해 생각해 보는 것도 의미가 있다.

어느 사회를 막론하고 사회병리적인 요소는 있지만, 이를 내버려두는 것은 땅속에 지뢰를 묻어 두는 것처럼 위험한 일이다. 땅속에 묻힌 지뢰는 지뢰 탐지기로 찾아내어야 하는 것처럼 개인을 비롯한 사회구조적인 문제에 대해서도 전반적인 탐색 작업이 필요하다.

물론 당장 해결해야 할 문제들이 많은 것이 사실이지만, 잠재적인 위험 요소들이 문제로 대두되기 전에 사전에 파악하고 분석하여 미리 조치를 취할 수 있도록 하는 것 또한 절대적으로 필요하다. 이를 사소하게 생각하고 내버려두다가는 호미로 막을 것을 가래로도 막지 못하는 일이 생길 수도 있다.

개인적으로 대인 관계에서 가장 중요한 요소는 사회성 발달과 성격이라고 생각한다. 우리나라의 대다수 부모는 아이 교육에는 목숨을 걸다시피 하면서 정작 사회성 발달에는 관심이 없다. 특히 중고등학교 자녀를 둔 학부모나 영유아기에 있는 부모일수록 그렇다.

자녀가 공부만 잘하면 인생이 잘 풀릴 것이라고 오해하여 자녀들의 교육을 위해서라면 기꺼이 자신의 인생마저 포기한 채, 자녀 뒷바라지에 인생이 저당 잡힌 것을 영광으로 생각한다.

그러나 공부를 잘하고 좋은 직장에 들어간다고 해서 행복한 인생이 자동적으로 뒤따라오는 것은 아니다. 제아무리 높은 자리에 있는 사람이라도 사회성이 제대로 발달해 있지 않으면 그 자신은 행복할지 몰라도 그 주변에 있는 사람들은 고통을 겪을 수밖에 없으며, 심지어는 자신도 불행해지는 일들이 종종 있다.

사회성의 시작, 가족과 잘 지내기

사회성 발달을 위해서는 1차적으로 가족 구성원과의 관계 형성이 중요하다. 가정은 사회 구성의 1차 집단이자 구성원의 기초 과정이다. 이들 간에 친밀한 관계나 적극적인 성격 표현이 이루어지지 않으면 야외 활동에서의 적극성을 요구하기도 쉽지 않다. 가정은 1차 사회 집단으로 상하-동료 관계로 작용하는 사회의 축소판이다.

부모와 자녀 간의 상호 관계에서 자기를 표현하고 자신의 감정을 적절히 조절할 줄 아는 훈련이 가정에서 이루어져야 한다. 가정은 구성원들이 하루 일과를 마치고 돌아와 서로의 감정을 표현하고 격려하며 위로받는 곳이 되어야 한다. 가정이 상호간 대립으로 감정이 폭발하고 분노가 표출되거나 억압되는 곳이라면 사회에도 심각한 부조화가 있을 수밖에 없다.

인공위성이 발사되고 일정 궤도에 진입하기 시작하면 인공위성은 에너지 추진 로켓에서부터 단계별로 분리되어 최종적으로는 발사의 모체인 에너지원과 완전히 분리되어 독립적인 에너지로 위성을 유영하게 된다.

만일 이 과정에서 분리되어야 할 순간에 분리되지 못하거나, 분리되지 말아야 할 시점에 분리되면 인공위성은 폭발하게 된다.

관계 형성도 마찬가지이다. 대부분 사회성 발달장애 요인 중 하나는 부모와 자녀 간의 환경과 심리적 분리 현상을 극복하지 못하는 데서 생긴다. 우리 사회에는 중고등학교를 마치고 대학생이 되고 결혼을 한 후에도 부모의 개입과 역할 분리가 되지 않아 갈등을 겪는 일이 너무나 흔하다. 사회 전반적으로 부모의 역할이 자녀의 일이라면 직접 개입해야 책임을 다한 것으로 잘못 인식되어 있기 때문이다.

그러나 부모의 의존과 개입이 많으면 많을수록 아이의 자율성과 자기 주도성은 훼손되기 마련이다. 부모와 아이 사이에도 역할 갈등이 일어나고 자율성과 주도성을 빼앗긴 자녀는 성인이 되어서도 부모에게 의존하는 것을 당연하게 생각하게 된다.

가족 관계에서 이런 분리 현상만큼이나 중요한 것은 가족 안에 진정한 관계가 있는가 없는가 하는 것이다. 만약 가족들이 집을 냉랭한 하숙집처럼 생각한다면 아이는 이 속에서 진정한 관계를 배우고 경험하기 어렵다.

사회적인 관계를 통해 아이는 자신을 표현하면서 상대방을 수용하고 적절한 조화를 이룰 수 있는 감정 조절에 대해서 배우게 되는데, 이때 부모와의 신뢰감은 성인이 된 뒤에 상대방을 믿고 의지하는 중요한 초석이 된다.

부모가 자신을 믿어 주지 않았다는 생각은 아이에게 치명적일 것이다. 잘 지낸다는 것의 기본은 서로간의 신뢰라는 것을 잊지 말자.

아이에게 꼭 가르쳐야 할 것

아이에게는 자기 것과 다른 사람 것을 명확하게 구분하는 것을 꼭 가르쳐야 한다. 요즈음 젊은 부모들은 아이의 인격을 존중한다는 명분 아래 아이가 공공장소에서 남에게 피해를 주는 지나친 행동을 해도 그냥 방치하는 경우가 많다.

그런데 원하는 것을 다 들어주다 보면 아이가 자신의 감정을 조절하는 능력 자체를 잃게 될 위험이 크다. 감정 조절이 되지 않으니 당연히 다른 사람과 감정을 제대로 교류하는 것도 어려워진다. 자유로운 감수성도 좋지만 때로는 감정 표현을 자제하고 남에게 양보할 수도 있어야 한다는 것을 부모는 분명하게 가르쳐야 한다.

아무리 창의성이 키워진다고 하더라도 사회성이 결여된다면 아이는 또 다른 문제를 끌어안게 된다.

세상에 열등감이 없는 사람은 없다. 부모도 열등감이 있고 아이들도 열등감이 있지만 열등감은 더 이상 피해야 할 대상이 아니고 고통의 대상도 아니다. 열등감은 자신이 느끼는 감정일 뿐이다. 오히려 문제는 많은 부모들이 자신의 열등감을 핑계 삼아 정작 자기 계발에는 게으르다는 것이다. 부모가 자신의 과거 상처에 사로잡혀 있거나 그 열등감 자체를 숨기려 하는 행동에 익숙하다 보면 오히려 다른 사람에게 악영향을 주거나 오해를 불러일으킬 수도 있다. 이런 사람은 다른 사람이 자신의 열등감에 관심이 없다는 사실을 망각하고 자신의 틀 속에 갇혀 불행한 삶을 살기 쉽다. 열등감은 더 이상 걸림돌이 아니라 성공을 향한 디딤돌로서의 충분한 가치가 있음을 잊지 말자.